순이의 노래

| 한국현대수필 100년 | 사파이어문고 ⑱

함순자 수필집
초이의 노래

인쇄 | 2024년 4월 5일
발행 | 2024년 4월 11일

글쓴이 | 함순자
펴낸이 | 장호병
펴낸곳 | 북랜드
  06252 서울 강남구 강남대로 320, 황화빌딩 1108호
  41965 대구 중구 명륜로12길 64(남산동)
  대표전화 (02)732-4574, (053)252-9114
  팩시밀리 (02)734-4574, (053)252-9334
  등록일 | 1999년 11월 11일
  등록번호 | 제13-615호
  홈페이지 | www.bookland.co.kr
  이-메일 | bookland@hanmail.net

책임편집 | 김인옥
기   획 | 전은경
교   열 | 배성숙 서정랑

ⓒ 함순자, 2024, Printed in Korea
* 저자와 협의하여 인지를 생략합니다.

ISBN 979-11-7155-058-6 03810
ISBN 979-11-7155-059-3 05810 (E-book)

값 13,000원

한국현대수필 100년
사파이어문고 ⑱

초이의 노래

草伊 **함순자** 수필집

| 머리말 |

옹이를 풀어내는 효소

밤하늘에 별이 총총한 동네에 산다. 눈 내리는 설경도 그림 같고 꽃 피는 봄도 설레게 할 만큼 화려하다. 이처럼 아름다운 자연은 누구에게나 주어졌지만 받아들이는 그릇과 양의 차이에 따라 느낌이 다르다. 나에게는 자연이 더없는 행복의 조건이고 글을 쓰는 바탕이다.

글을 쓰다가 공식처럼 들어맞는 단어 하나가 섬광처럼 떠오른다. 적용해 본 적 없는 새로운 낱말이다. 막혔던 문장이 유연해지고 문맥이 새로운 의미를 더해준다. 순화된 말과 깊이 있는 한 대목을 만나는 재미는 수필이 가르쳐 준 기쁨이다. 수필을 쓰지 않았다면 이런 낱말의 가치를 모르고 지냈을 것이다. 수필이 준 순간의 행복이다.

수필은 위안이고 회복의 지름길이다. 가슴속에 맺힌 옹이를 풀어내는 효소가 되기도 한다. 마음이 상하거나 지칠 때 써 내려간 노래 가사 같기도 하다. 수필과 동반자로 지내온 세월의 깊이만큼 모아진 글의 결정체結晶體가 수필집 『초이草伊의 노래』다.

　비밀을 들킨 것처럼 부끄럽지만 생긴 대로 다듬지도 않았고 꾸미지도 못한 맨얼굴 그대로다. 수필은 정직해야만 매력이라는 말을 사랑하기에 위안을 받는다.

　내 영혼의 반석이시며 수필을 쓰도록 인도하신 하나님께 나의 기도이며 고백인 이 책을 올려 드립니다.

2024년 봄

함 순 자

| 차례 |

4 • | 머리말 | 옹이를 풀어내는 효소

1 행복 나누기

12 • 행복 나누기
16 • 자유
20 • 남자의 인생
24 • 아버지 구두
28 • 몽키의 봄
32 • 발에게 말을 걸다
36 • 세상 사는 이야기
39 • 엄마라는 이름
43 • 손으로 엮은 정
47 • 아들은 우산이다

2 초이草伊의 노래

- 54 • 초이草伊의 노래
- 57 • 파랑새의 꿈
- 61 • 빗장
- 64 • 동아冬芽
- 68 • 수족관
- 71 • 한솥밥
- 75 • 장애가 준 선물
- 79 • 예순의 길목
- 83 • 승자와 패자
- 87 • 아들에게 쓴 편지
- 90 • 이별

3 전쟁

- 96 • 전쟁
- 100 • 할끼
- 104 • 김치국수
- 108 • 나를 길들이기
- 111 • 아빠의 청춘
- 115 • 바이러스
- 119 • 일타쌍피-打雙皮
- 123 • 바람[風]은 바람[所願]이었다
- 127 • 할머니
- 129 • 응원의 글

4 민들레

140 · 민들레
144 · 영순이
148 · 짝꿍
152 · 할아버지의 등
155 · 꿈을 꾸는 서장대
159 · 온도 차이
164 · 안스리움
168 · 밥순이
172 · 가요는 역사다
175 · 그 사랑, 내 영혼의 반석

5 한국인

- 180 • 한국인
- 184 • 문학수업
- 188 • 비를 주신다
- 191 • 인나와 향나
- 195 • 연금술鍊金術
- 199 • 요두출수搖頭出手
- 203 • 열 살의 서원誓願 기도
- 207 • 보약 원기소
- 211 • 내 안의 나에게
- 215 • 작가노트-잉태에서 해산까지

1

행복 나누기

행복 나누기
자유
남자의 인생
아버지 구두
몽키의 봄
발에게 말을 걸다
세상 사는 이야기
엄마라는 이름
손으로 엮은 정
아들은 우산이다

행복 나누기

생각이 나면 궁금해지고 만나면 반가운 사람들, 서푼어치도 안 되는 작은 것이라도 나누고 싶고 쳐다보고만 있어도 마음이 저절로 통하는 분들이다. 편하면서 허물없는 이들을 만나면 여리고 순하고 정도 많아서 세상에 악한 사람은 없다는 생각이 절로 든다. 인간관계는 내가 진심이면 상대편도 진심인 것이 확실한 정답이다.

세상에서 번듯하게 출세한 분도 아니고 어울려 놀러 다닐 친구도 아니다. 동창도 동향인도 아니며 부자 친구는 더욱 아니지만 그들이 좋다.

집 앞 사거리 모퉁이에 구두수선방 아저씨, 길거리에서 나물 파는 할머니, 붕어빵 굽는 청각장애인 부부, 집을 지켜주는 경비 아저씨, 자주 가는 밥집의 심부름하는 아줌마, 이분들이 나의 절친들이다. 어쩌다 뜻밖의 장소에서 만나도 얼싸안을 정도로 반갑다. 같이 가던 남편은 당신 출마하면 표 많이 얻겠다고 자주 조크를 준다. 그게 싫지 않다. 그렇게 사는 것이 나의 행복이고 삶의 기쁨이니까.

  경쟁 대상도 아니고 손해일까 덕이 될까 저울질할 일도 없다. 옳으니 그르니 따질 일도 없다. 큰 것도 아닌 소소한 정이 담긴 말 한마디 주고받고, 오며 가며 추울 때는 붕어빵 한 봉지 더울 땐 아이스크림 한 개 건네고 돌아서면 쌓인 피로가 풀리는 듯 무거운 다리도 가볍다.

  지하철 출구 곁에서 붕어빵을 굽고 있는 청각장애인 부부도 오랜 친구다. 눈과 눈이 마주칠 때마다 웃음으로 말을 건넨다. 그 마음 내가 알고 내 마음 그가 알고 있다. 허물없이 지낸 지 십 년을 넘기고 보니 눈웃음 속에 오만 가지 사연이 오가고 겹겹이 쌓인 정이 두텁다.

  서로의 이름을 알 리도 없고 어디에 거처가 있는지도 모른다. 단지 그는 붕어빵 장수이고 지나칠 때마다 붕어빵을 사가는 단골손님으로 만났을 뿐이다.

  남자는 싫은 건지 좋은 건지 내색이 없으니 제쳐두고라도 여자는 고운 얼굴에 그늘이 없고 밝은 보름달이다. 학문의 길이 그에게 주어졌다면 좀 더 나은 세상을 만나지 않았을까. 청각을 잃은 화가도 있고 음악가도 있는데 곱상한 얼굴을 대할 때마다 소중한 것을 놓쳐버린 여자 같아서 아쉽고 아까운 생각이 들어 마음이 아프기도 했다.

  처음 만날 때 수화를 못 하는 대신 마음을 전하고 싶어 "웃는 모습이 예쁘다."고 적은 쪽지를 손에 쥐여주었던 다음 날 내 손에는 "사랑합니다."라고 적힌 답신이 돌아왔다. 초등학생이던 아들이 옆에서 웃고 있지 않았다면 대필을 누가 했을까 궁금했을 것이다.

그 아들이 지금은 전자공학을 전공하는 대학생이다. 간혹 엄마 아빠가 손이 바쁜 황혼 무렵에는 옆에서 팥소도 넣고 잔심부름도 한다. 헌칠한 키에 넓은 어깨만 보아도 든든한 아들은 엄마 아빠의 대언자이고 길잡이며 어두운 길에 빛나는 광명이다.

전대가 딸린 앞치마 위로 드러난 꽃무늬 원피스 소매가 화사하다. 초봄에 두 개를 사서 나와 둘이 하나씩 입었는데 볼 때마다 입고 있다. 아마도 나한테 보이고 싶어서가 아닐까 싶다.

붕어빵을 살 때마다 얹어주는 덤은 그가 베풀고 싶은 최상의 선물이다. 그 정을 사양하지 않고 가슴으로 받으면 마음이 떨린다. 손님에 대한 예우가 아니라 그가 전하고 싶은 사랑한다는 표현이다.

붕어빵은 종일 닭장 같은 경비실 안에서 우리 집을 지켜주는 경비 아저씨 몫이 되기도 하고 붕어빵가게 건너편에서 무 몇 개 오이 몇 개 푸새 다듬어 놓고 볕을 안고 앉아 있는 허리 굽은 할머니의 간식이 되기도 한다. 작은 것이면 어떤가. 거기에 따뜻한 마음을 보태면 눈에 보이지 않는 정이 함께 전해지는데 받는 이보다 주는 자의 행복은 되로 주고 말로 받는 기쁨이다.

자랄 때 엄마는 우리 육 남매에게 간식을 똑같이 나누어 주셨다. 그리고 언제나 동생에게 언니와 오빠한테 하나씩을 주라고 하셨다. 세 개씩 가졌을 때 언니에게 하나를 주고 나면 언니는 나보다 한 개 많은 것이 아니라 배가되었다. 엄마는 왜 처음부터 차등으로 주지 않고 똑같이 배분하셨을까. 철이 들어 깨달은 것은 한 개의 가치를 깨우치려는 효과와 나눔을 체험시킴으로써 차별이나 서운한 감정을 극소화하시려는 엄마만의 공식이 아니었나 싶다.

지금도 나의 작은 삶에 기준이 된 경제철학은 나누면 배가된다는 진리이다. 역행하여 밑지는 경제관 같지만 반드시 재물이 아니어도 마음에 부요를 채워주는 올바른 방정식이다.

오늘은 더운 날씨다. 아이스크림을 사서 구두수선방 작은 들창 사이로 손만 내어 밀었다. 너털웃음과 함께 "오늘은 또 아이스크림이에요?" 그 후덕한 웃음소리보다 더 반가운 대답이 어디 있을까.

오늘도 삶을 빚어내어 거저 살지 않았다는 핑곗거리가 나의 위안이 되고 가난한 마음을 풍요로 그득하게 채운다.

자유

수영장에 왔다. 팬데믹으로 3년을 쉬었다. 수영은 어울려 노는 것보다 편하고 형식에 매임 없이 물길 따라 움직이는 자유로움이 좋다. 하고 싶은 것을 하는 것이 참 자유다. 어떤 지적 활동보다 수영은 운동 이전에 더없는 휴식이고 쉼이며 나를 위한 단련의 시간이다.

물에 첨벙 들어서는 순간 수영복을 제대로 입었는지 위아래를 훑어보는 버릇은 수영을 배우면서부터 해온 습관이다. 기억 저편에 숨기고 싶었던 치부 한 가닥은 남들은 웃어넘길 만도 하지만 두고두고 내겐 부끄러운 흔적이다.

자유 수영 레인에서 왼편 가장자리 레인을 바라본다. 지금도 여전히 그 자리는 초보자들이 선생의 호루라기 구령에 따라 수영을 배우고 있다. 호흡이 서툴러 물 먹었던 자리, 지도 선생의 따뜻한 마음이 가라앉아 있는 곳, 오리발로 나르듯이 물속을 질주하던 레인을 바라보며 젊은 날의 기억이 어제인 듯한데 24년이 지났다.

우리 집 가까운 곳에 체육진흥공사에서 운영하는 올림픽 스포츠센터가 생겼다. 수영 잘하는 친구의 권유로 수영을 배우러 간 첫날이었다. 나처럼 초보자도 있고 선수처럼 모든 종목에 뛰어난 선수 같은 회원도 있었다.

물에 들어가기 전에 준비 운동을 하는데 옆에 분들을 보니 수영복이 나와 사뭇 다르다. 유난히 내 가슴이 많이 노출되어서 어색하고 민망했다. 디자인이 그런 건가 수영에는 무지한 탓에 수영복을 잘못 선택했다는 생각도 들었지만 한편으로 비키니에 비하면 이쯤이야 하는 생각도 들었다.

열 개의 레인에 지도교사가 다섯 분이었다. 왼편 가장자리 두 줄은 깊이가 가장 얕은 초보자의 레인이다. 물만 보면 겁을 먹는 여자가 수영복을 입고 물안경과 수영모도 썼다. 내 옷 같지도 않은 수영복이 어색했지만 눈 딱 감고 물에 살며시 내려섰다. 소름도 돋고 무섭다.

처음 시작이 킥판을 잡고 발차기다. 킥판을 잡으려는데 초보자 지도를 맡은 선생이 가까이 오더니 내 귀에 대고 작은 소리로 속삭인다. "어머니 탈의실에 가서 수영복 돌려 입고 오세요." 순간 무안해서 울고 싶었다.

괴팍한 내 고집이 불러온 실수였다. 수영복에 딸려있는 브래지어를 걷어내고 입으니 조여 드는 압박감이 덜한 것까지는 좋았다. 평상복은 거의 라벨이 뒤에 있는데 수영복은 라벨이 앞에 있는 것을 왜 몰랐을까.

친구가 서둘러 회원 등록을 해주며 친절을 베풀지 않았으면 물만 봐도 겁먹는 여자가 왜 여길 왔겠는가. 애초에 수영 배울 마음도 갖지 않았었다. 수영도 싫고 창피하기도 하고 친구를 원망하며 그냥 돌아갈까 망설이고 있었다. 선생님이 뒤따라와서 수영복을 바로 입혀 주면서 썩 잘 어울린다고 하니 도망칠 수도 없었다.

살갑게 다독이는 예쁜 선생의 특기 종목은 배영이었다. 초보자 중에 배영을 맨 먼저 익힐 수 있었던 것은 유난히 나한테 관심을 갖는 선생의 가르침에 잘 따른 순종의 결과였다. 하나를 가르치면 둘을 체득하듯이 접영도 쉽게 배웠다.

나의 실수를 덮어 주려는 선생의 배려는 엄지 척으로 응원을 할 때마다 느껴졌다. 고운 마음씨의 선생과 어느새 깊은 정이 쌓이고 수영은 종목마다 미다스의 손인 선생의 능력으로 일취월장이었다.

초급에서 중급으로 진급하면서 레인이 바뀌고 선생의 지도에서 벗어났지만 선생의 눈은 나를 항상 주목하고 있었다. 배영을 하면 나풀거리는 나비 같고 접영을 하면 학처럼 난다고 남들이 시기할 만큼 외쳤다. 오리발로 25미터 물속을 질주하는 경주를 하면 골인 자리에 와서 손잡아 주고 자신감의 날개를 달아준 그분 덕에 수영은 나의 체질이 되어갔다.

스포츠센터에는 헬스에서부터 어린이 스포츠 교실, 테니스 골프 구기 종목까지 6층 건물 전체가 다양한 체육시설이다. 회원들의 수효가 많다 보니 소식과 공지사항, 회원들의 글이 실린 회지가 매월 발행되었다. 글 쓰는 여자라는 이유로 회지에 원고 청탁을 받았다.

글의 소재를 찾다가 떠오른 것이 수영복 사건이었다. 실수이든 흉이든 스스로 자유로워지는 방법은 고백이다. 선생과 나만 아는 사실을 창피함을 무릅쓰고 공개하는 것은 용기였다. 나에게 관심 집중인 착한 선생의 위상도 높여주고 나의 실수에도 면죄부를 받는 기회가 되지 않을까. 〈수영복도 못 입는 여자〉라는 제목의 글을 회지에 올렸다.

회지에 실린 글은 수영반 회원들의 화제의 대상이었다. 놀림이 아니라 스타 탄생이었으며, 초보를 가르쳐 준 선생과 동반 인기 상승이었다. 뒤에서는 수군거렸을지 모르나 면전에서는 시간대가 다른 낯선 회원들까지 보듬어 안아주듯 나만 보면 손을 흔든다. 솔직함을 받아들이는 이해심은 타인의 몫이지만 스스로 만든 늪에서 헤어 나온 자유는 내 것이었다.

어느 날 배영을 하고 있는데 나를 주시하고 있다는 느낌이 들었다. 완주하고 돌아보니 약속이나 한 듯 둘러선 회원들이 일제히 손뼉을 치고 있었다. 수영복도 제대로 못 입는 무명의 여자는 어떤 날 갯짓의 수영을 하고 있는지 보고 싶었을까. 실수의 흔적이 훈장은 아니지만 분명한 것은 솔직한 글이 보여준 힘이었고 위력이었다.

웃어넘길 일도 자신에겐 흠으로 남아있다. 간간이 수치심이 고개를 들 때마다 얼굴을 붉힌다. 선포는 자유하고 싶을 때 강행하는 무기다. 참 자유는 스스로 만들어 간다. 그때 그날이 그립다.

남자의 인생

　어둑어둑 해가 지는 금요일, 우리 집과 마주한 공영주차장은 초저녁부터 초만원이다. 주차장을 사이에 둔 먹자골목은 밥보다는 술을 파는 곳이 많다. 낮에는 문을 닫지만 해가 지면 문을 연다. 화려한 조명 아래 남자들의 세상이 열린다.
　자주 왕래하다 보면 창문 너머로 술잔을 주고받는 남자들을 곁눈질로 자주 보게 된다. 상기된 얼굴에는 웃음도 있고 시름도 보인다. 찌든 일에서 풀려난 여유 있는 시간, 술맛에 섞여 나오는 남자의 인생 이야기는 안주가 되어 빈 술병은 늘어만 간다.
　남편만을 믿고 살아온 아내와 눈에 넣어도 아프지 않을 자식들은 잠시 잊어버린다. 가족은 토요일인 내일 돌보기로 하고 오늘 밤은 나를 위해 즐기자. 피로도 풀고 회포를 들어줄 친구도 있으니 이보다 더 멋진 위안이 어디 있을까. 무거운 짐을 지고 가는 황소 등처럼 가족이라는 멍에를 벗어날 수 없는 힘든 아버지요 남편들이다. 술맛은 모르지만 남자들의 기분을 조금은 이해하면서 고달픈 남자의 인생을 응원하는 것은 젊은 시절부터 굳어진 나의 가치관 때문이지 싶다.

이십대 초반에 공무원 시험에 합격하여 첫 부임지에서 주어진 자리는 총무과 경리계의 말석이었다. 풋내기 여직원이 할 수 있는 가벼운 업무는 입출금 관련이었고 그중에도 직원들의 봉급을 맡아 처리하는 일이 내게 주어진 비중 있는 업무였다.

지금은 월급이 통장으로 입금되지만 월급을 현금으로 받던 그 옛날, 매월 20일이면 도장을 들고 내 책상 앞에 서는 한 가정의 가장들을 대하면서 남자의 세계를 조금씩 알아 갔다. 심지어 직원들의 생활수준도 소소한 가계까지도 눈치챌 수 있었다.

20일 봉급날이 되면 같은 직급이고 호봉이 비슷한데도 웃음이 있고 한숨이 있었다. 할부금이나 갚아야 할 외상값을 제외한 얄팍한 월급봉투를 받아드는 직원은 민망해서 내가 먼저 외면하고 눈 마주치기를 피했지만, 차감 없이 월급봉투를 받는 분은 그도 웃고 나도 웃었다. 월급날의 분위기에 초연하려고 하면 할수록 가끔 들리는 한숨 소리와 "한 달 동안 어떻게 살지?" "집에 어떻게 들어가지?" 짐짓 못 들은 척하건만 생계를 책임진 남편들의 한탄은 나를 참 슬프게 했다.

가족을 부양한다는 것은 남자들의 특권이지만 또한 피할 수 없는 굴레이다. 밖에 나가면 기세가 당당하던 남자들이 집에 오면 아내 앞에 기가 꺾이는 것은 내 가족을 번듯하고 넉넉하게 못 해 주는 미안함 때문이다.

"남자는 지갑이 비면 기가 죽는다. 남자의 기를 살려주어야 큰 인물이 된다. 부디 바가지 긁지 마라." 시집간 언니들한테 타이르던 어머니의 잠언은 나를 세뇌시킨 밀봉교육이 되었다.

결혼해서 남편 월급이 적어도 투정하지 않으리라 삥땅을 쳐도 바가지 긁지 않으리라 적으면 적은 대로 모자라면 맞춰가며 살자. 집에서도 왕처럼 받들고 기를 세워주는 착한 아내가 되리라 다짐도 했다.

다행히 지나치게 정확하고 반듯해서 월급을 축내지도 않았지만, 월급봉투를 받아들고 수고의 대가라는 생각이 들어 항상 고마웠다.

가황이라 불리는 가수가 작사 작곡한 "남자의 인생"이란 노래를 우연히 듣다가 젊은 날의 초상肖像이 떠올랐다. 홍대에서 버스 타고 쌍문동까지 서른아홉 정거장을 버스 두 번 갈아타고 출퇴근하는 고달픈 남자의 인생, 가사를 받아 적었다. 마치 그 옛날 직장 동료들의 한숨이 섞인 노래처럼 들린다. 시절 따라 왔다가 바람처럼 지나가는 가요 속에 젊은 남편들의 초조한 삶이 환하게 보인다.

세상이 바뀌고 소득이 높아졌다고 남편들의 삶이 편해졌을까. 작업환경이 좋아지고 좋아서 선택한 직업이라도 눈치싸움과 고뇌 작전을 펴는 고달픈 남자의 인생이다.

젊은 날, 버스 두 번 갈아타고 광화문으로 출근하던 남편의 처지도 이 노래와 별반 다르지 않다. 반복되는 일상에서 벗어나고 싶어 몸부림할 때도 있었고 처자식 때문에 움직이는 로봇처럼 보이기도 했다.

성북동 집까지 남편의 퇴근길은 혜화동 로터리에서 환승하면 편하다. 그런데도 환승장에서 내려 혜화동 고개를 넘어 걸어온 것을 뒤늦게 알았다. 걷기에는 먼 길이지만 둘이 걸으면 데이트가 될 것 같아 환승장까지 마중을 갔다.

내가 정류장에서 기다리기도 하고 먼저 도착한 남편이 골목에 숨었다가 총총히 가는 내 앞에 불쑥 나타나면 마주 보며 화들짝 웃던 그런 날들, 손잡고 얘기하며 걸으면 혜화동 고갯길도 가깝게 느껴졌다.

모자라도 부족해도 사랑으로 채웠던 지울 수 없는 젊은 날의 그림 한 점을 기억하며 젊어 고생은 사서라도 한다고 하던가.

남자라는 인생 곁에 충실한 아내가 있지 않는가. 지하철 타고 꾸벅꾸벅 졸면서도 식구들이 기다리는 내 집 찾아오는 고마운 남자들의 인생에게 박수를 보낸다.

아버지 구두

우리 집 아버지 방 마루 끝에는 구두코가 납작한 가죽구두가 놓여 있었다. 댓돌 위에 두지 않고 아버지가 외출에서 돌아오시면 벗어 놓기가 바쁘게 식구 중에 먼저 본 사람이 마루 끝에 올려 두는 것이 규율처럼 되어 있었다. 구두에는 우리 가족의 절대자이신 아버지 위엄이 서려 있었다.

학교에서 돌아오면 내 눈은 아버지 구두가 있나 없나 확인하는 것이 버릇이 되었다. 그것은 어머니의 기분과도 상관되는 것이었고, 엄마의 마음을 아프게도 하고 편하게도 하는 것 같아서 더 살피게 되었던 것 같다.

아버지 구두가 있는 날은 엄마 얼굴엔 웃음도 감돌고 편안해 보이는데 구두가 없으면 얼굴빛이 흐리고 어두워 보였다. 엄마의 기분을 알아차리는 기준은 나도 모르는 사이에 아버지의 구두를 확인하는 것으로 굳어져 갔다.

겨울이면 노르스름한 명주에 솜을 놓은 바지저고리에 호박 단

추가 달린 양단 조끼, 윤기가 흐르는 세루((비단) 두루마기를 입으신 아버지, 털목도리까지 하고 자전거를 타고 외출하실 때 참 멋진 아버지라고 생각했다. 아버지를 배웅하고 돌아서는 엄마의 얼굴은 항상 슬퍼 보이고 어두웠다. 아버지는 엄마의 마음을 불편하게 하면서 어디로 가시는지 여러 날이 지나야 돌아오시곤 했다.

아버지가 계시지 않는 집안은 조용했고 엄마는 담배도 많이 피웠다. 밤이 늦도록 목화솜으로 고치를 말아 차곡차곡 쟁여 놓기도 하고 베를 짜기 위해 물레로 실을 뽑으며 긴 한숨을 쉬고 계셨다. 엄마의 마음도 아버지의 사정도 모르면서 엄마가 슬퍼 보일 때 이불을 덮어쓰고 눈물을 삼키다가 잠이 들 때가 많았다.

자전거를 잘 타시던 아버지는 100리 길도 쉽게 가신다고 했고 외나무다리도 잘 건넌다고 엄마가 자랑처럼 하시면서도 한숨 속에 푸념처럼 "한량閑良이다. 세상을 멋대로 사는 복 많은 한량이다."라고 혼잣말처럼 하시곤 했다.

아버지의 구두 모양은 지금도 내 눈에 선명하다. 엄마가 먼지 하나 없이 약을 묻혀 윤이 나게 닦는 것을 볼 때마다 여자는 저렇게 사는 것인가 보다 생각했다.

식구들이 받들어 섬기며 좋은 의복에 좋은 것만 드시는 아버지는 일하시는 것을 본 적이 없었다. 엄마가 '유학자 집안에 시집와서 고생'이라는 말대로 아버지는 글만 읽는 분인가 생각하기도 했다.

철부지인 나는 아버지가 지병을 지니신 줄도 몰랐고 아버지의 위엄 앞에 식구들이 절대복종하며 사는 것이 우리 집 법이라고만 생각했다.

 아버지는 쉰일곱 연세에 세상을 떠나시면서 때와 시를 아셨는지 큰오빠를 불러 신발을 가져오라고 하셨다. 오빠가 밤색 가죽구두를 아버지 머리맡에 가지런히 놓자 눈을 감으셨다. 마지막 떠나시는 순간까지 총기를 잃지 않으시던 아버지는 마지막까지 신발을 챙기셨다.

 동네 분들이 꽃상여를 만드느라 마당에는 사람들로 북적거렸다. 낯선 여자가 소복을 하고 머리를 풀고 울면서 대문을 들어섰다. 엄마는 여자를 낚아채듯이 손을 잡고 안으로 데리고 들어갔다. 엄마보다 많이 젊어 보였다. 남의 눈에 뜨일까 봐 여자의 존재를 숨기는 눈치가 역력했다.

 누가 일러 주지 않아도 아홉 살인 나는 저 여자였구나. 우리 엄마를 담배 피우게 하고 밤중에 물레질하게 한 여자라고 생각하니 돌아가신 아버지가 미웠다.

 아래채 비어 있는 방에 창호지로 도배하고 대자리를 깔았다. 아버지 빈소가 차려졌다. 구두는 아버지 영정 옆에 놓였다. 초하루와 보름에는 삭망이라고 제를 올리고 곡소리를 내는 날이다. 그날이면 어김없이 여자가 와서 서럽게 울고 갔다. 언제부터인지 오지 않았다. 곡소리도 끊겼다. 아버지의 구두는 어디로 갔는지 모르지만, 짐작으로 엄마가 함부로 버릴 분도 아니고 3년 상을 치른 후 아버지 묘 곁에 묻었지 싶다.

　아버지 구두가 놓였던 자리, 휑한 자리가 보기 싫었다. 엄마가 외출할 때만 신는 하얀 고무신을 그 자리에 두었더니 보기 좋았다. 이제 엄마가 우리 집 대장이다 싶었다. 엄마는 철도 없는 어린것이 속이 깊어 근심을 안고 살면 어쩌냐고 걱정스러워하셨지만 칭찬으로 들렸다.

　혼자 가슴을 치며 속앓이를 하면서도 내색하지 않고 아무도 모르게 아버지의 허물을 꼭꼭 숨기고 살아오신 우리 어머니, 두세 살 터울의 육 남매를 길러낸 장한 어머니, 식구의 수만큼 댓돌 위에 줄지어 신발이 서 있던 우리 집, 엄마의 손끝에 물 마르는 날 없었지만, 신발 수만큼 웃음도 많았다. 육 남매가 재산이라던 어머니의 인생을 돌아본다.

몽키의 봄

조반 먹고 설거지하고 돌아서면 점심시간이다. 먹으려고 사는 것인가 싶으면 서글프다. 한 끼만이라도 편하게 지내려고 간혹 점심때 찾는 곳이 있다. 몽키 돈가스집이다.

주인 겸 주방장인 사장은 젊고 어려 보이지만 부지런하다. 행동도 민첩하고 야무져 보인다. 열심히 살려고 애쓰는 모습 속에 정직함이 역력하다. 친절하거나 사근사근하지도 않다. 고분고분한 것도 아니고 잘 웃지도 않지만 믿음이 간다. 세상살이를 일찍 경험한 사람처럼 빈틈이 없어 보이는 것은 동골동골한 얼굴에 총기로 빛나는 눈 때문일까.

어머니와 단둘이서 가게를 꾸려 가는 모습에 연민을 느끼며 주목해서 볼 때가 있다. 빈틈없이 짜인 틀 안에서 움직이는 날줄과 씨줄의 짜임처럼 팀워크가 완벽하다. 더 멋진 것은 항상 모자母子는 자주 마주 보며 웃는다. 그 모습은 "엄마, 오늘도 잘해보자." "내 아들 장하다." 무언의 격려를 주고받는 웃음이 아닐까.

벽에는 주방장의 프로필이 붙어있다. 대학에서 조리학을 전공하고 호텔 주방에서 조리장 경험도 있다는 이력이다.

출입문 문고리에도 몽키가 바나나 나무에 올라가는 조각이 붙어있고 눈에 잘 들어오는 탁자 위에도 몽키 인형이 웃으며 앉아 있다. 가게 이름이 하필 몽키일까 궁금했다. 상호를 '몽키 돈가스'라고 한 이유가 있느냐고 물었다. 세수하다가 거울을 보면 자기 얼굴이 몽키를 닮아 보여서 그렇게 이름을 붙였단다. 내 눈에는 참하게 보인다고 하였더니 자세히 보면 몽키 같아 보인다고 했다.

이름을 기억시키려는 상술인지 때로는 바나나를 손님들한테 후식으로 대접하는 여유 있는 모습도 밉지 않다.

처음 개업 후 30석이 채 안 되지만 빈자리가 없을 만큼 호황이었다. 문전에는 알록달록한 장의자를 놓아 대기자들을 편하게 했다.

어리고 순진해 보이는 사장이 돈가스로 성공하겠다는 생각을 하며 어쩌다 들를 때면 부디 성공하기를 마음으로 빌었다. 작은 도움이라도 될 성싶어 카드로 계산하지 않고 현금 결제를 하는 것이 나의 배려였다.

없는 것이 없는 먹자골목에 이 집만 유난히 손님이 와글거리는 이유가 있었다. 고기 맛이 연하고 소스가 달랐다. 소스 맛은 자기만의 노하우라는 말을 믿고 싶었고 그의 초롱초롱한 눈이 증인처럼 말해 주고 있었다.

주방에서는 몽키가 그려진 하얀 모자를 쓴 아들이 조리하고 홀에서는 앞치마를 두른 어머니가 큰 쟁반을 들고 분주하게 음식을 나를 때 고달픔을 잊은 모자의 살아가는 모습이 감동이다.

피곤한 기색이라고는 찾아볼 수 없는 어머니는 아들을 위해서 즐겁고 아들은 어머니를 위해서 열심히 살아가는, 삶의 극치를 보는 듯 아름답다. 삶의 본질이 무엇일까. 서로 사랑으로 쌓아가는 값진 노동이다. 열심히 살아가는 정직한 소시민의 행복을 보는 느낌이었다.

어느 날 들렸더니 빈자리가 수두룩하다. 한창 붐빌 시간에 무슨 일인가. 나도 맥이 빠지는데 사장의 얼굴도 웃음이 없다. 좀 그냥 두지 남이 잘되면 나도 잘될 줄 알았을까. 남의 숟가락 뺏는 야박한 세상이다. 건너편에도 옆에도 돈가스 가게가 들어섰다. 작정한 듯 새로 문을 연 가게들이 절반 가격으로 손님을 끌어간다. 덤핑이다.

빈자리를 보니 한숨이 나온다. 어쩌냐고 했더니 가게 월세 내기도 힘들겠다고 한숨 쉬며 뒤돌아선다. 좋아지겠지, 맛으로 승부를 겨루겠다고 한 것처럼 사람들이 먹어보면 올 것이니 기죽지 말고 기다려 보자고 했다. 가게 밖에 줄지어 있던 의자도 거둬들였다. 너도 살고 나도 사는 세상이 아니고 너는 죽고 나는 산다는 것인가. 참 슬픈 생존경쟁을 보며 가슴이 저렸다.

이대로 주저앉으면 끝나는 것이니 당분간 밑지는 장사를 해 본다고 했다. 배운 것 중에 자신 있는 것이 돈가스인데 이것 말고는 할 것이 없다며 그 큰 눈이 흐려진다.

  우선 값을 내려야 경쟁이라도 할 것이라는 생각을 했는지 어느 날 보니 가게 앞에 값은 같지만 맛은 다르다는 현수막이 걸려있다. 돈가스집들이 일제히 셔터를 내리는 데는 1년 가까이 걸렸다.

  몽키의 올바른 상업 정신을 신은 외면하지 않았다. 이제 만석滿席으로 빈자리가 하나도 없다. 추운 날씨였다. 대기자를 위한 벤치에는 비닐로 텐트를 쳐 놓았다. 우리 내외는 그 비닐막 안에서 빈자리가 나기를 기다려도 추운 줄을 몰랐다. 홀을 가득 채운 손님들이 왜 그렇게 고마운지 "부디 몽키야 일어서거라." 기도처럼 중얼거린다. 몽키에게 봄이 왔다. 바쁘게 움직이는 어머니와 아들 두 사람의 등이 따뜻해 보였다.

발에게 말을 걸다

 고맙고 미안하다. 평생 나와 운명을 같이해 오면서 너에게 처음으로 건네는 말이다. 무엇보다 내 지체 중에 가장 약한 부분이 너라는 것을 너도 알고 있지. 침묵이 위대할 때도 있지만 작심하고 가슴에 담아 두었던 고백을 한다.
 어느 지체가 소중하지 않을까마는 나를 나답게 서게 하려고 여유 없이 혹사해도 묵묵히 감내해 온 그 인내를 사랑한다. 모질고 독하지는 않은 내가 너에게만은 유난히 혹사했음을 잘 알고 있다. 나를 단련한다는 것이 너에겐 잔혹사가 되었으니 할 말이 없다. 참 미안하다.
 귀는 듣기만 하면 되고 눈은 움직이면 된다. 코는 숨만 쉬면 책임완수다. 팔은 움직이고 싶으면 움직이고 쉬고 싶으면 마음대로다. 유별난 나와 운명을 같이하면서 내 팔자가 너의 팔자가 되어 버렸다.
 평생 고락을 같이하면서도 고맙다는 말 한마디 못 했으니 나는 참 야속한 사람임에 틀림없다. 말은 아낄수록 정직해진다는 것을 배워온 터라 아끼고 아껴둔 한마디를 이제야 하게 되었다.

멀고 가까운 곳 가리지 않고 걷기 좋아하는 내 고집을 누가 꺾을 수 있겠나. 지쳐도 투정 한 번 못 하고 순종한 너의 강직함이 나를 강한 사람으로 만들었다. 걷다가 네가 쉬어가고 싶어 할 때도 있었겠지만 나는 그걸 허락지 않았다.

여러 지체 중에 너는 나의 힘의 근원이고 자신감을 주는 활력이다. 너의 성실함이 나를 여기까지 세워주었으니 넌 나를 대신할 만큼 보배로운 존재다. 매일 되풀이되는 벅찬 노동은 비길 데 없는 든든한 지팡이다.

언덕을 오를 적에도 강을 건널 때에도 휴식이나 쉼을 원하지 않고 꿋꿋하게 끌고 가는 너의 의지는 나를 나답게 만들었다. 활보할 때 내색하지 않지만 얼마나 너를 아끼는지 하늘이 알고 땅이 알겠지.

뼈를 깎는 수술의 고통과 아픔의 세월을 이겨낸 장한 인내의 힘이 활보할 수 있도록 세워주었다. 걸을 수 없을지도 모른다는 의사의 말에 너와 영영 이별하면 어떻게 할까 너를 쓰다듬으며 눈물도 흘렸지.

하루에 만 보를 채워야만 직성이 풀리는 욕심도 너의 도움이 아니면 어떻게 가능하겠나. 나들이 때면 눈치 없이 너를 재촉하는 것은 버릴 수 없는 나의 근성이니 여태껏 잘 참아 주었다. 조금만 더 견디어다오.

외출할 때에도 정발산역까지 집 앞에서 버스 타면 세 정거장인데 너도 알다시피 차비 아끼려는 마음은 추호도 없다. 너는 차 타고 편히 가고 싶어 하겠지만 그건 게으름이고 익숙한 버릇이 될까 봐 잰걸음으로 뛰다시피 가다 보면 미안한 마음이 왜 없었겠나.

환승하느라 에스컬레이터와 그 많은 계단을 오르내리며 이리 돌고 저리 돌 때마다 간혹 너의 힘든 소리를 들으면서 못 들은 척할 때도 있었다. 잠시 벤치에 쉬어갈까 하다가도 시간을 재며 뛰기도 했다.

내 것 중에 너만큼 힘들고 고단하게 나를 지켜준 것은 없다. 유별나게 촌음에 민감한 여자한테 부쳐 살아오면서 편하게 한 번 쉬는 날도 없이 살아온 너에게 항상 미안한 마음이다.

단지 내가 너에게 해 준 것은 자기 전에 더운물에 담가주고 만져주는 것으로 위로를 삼아왔다. 사우나에 가는 날이면 냉온을 번갈아 가며 너의 수고를 달래 주는 것이 고작이지만 너에 대한 고마운 마음은 어떤 지체보다 남다르다는 것을 기억해다오.

새벽부터 부지런을 떠는 여자와 운명을 같이해왔으니 싫어도 좋아도 어쩌겠나. 말릴 사람도 없고 꺾일 성품도 아니니 네가 포기하고 지금까지 살아온 그대로 살아가자.

오늘도 지하철 두 번 갈아타고 서대문으로 간다. 네가 튼튼하게 버티어 주지 않았으면 늦은 나이에 공부하러 다닐 수 있었겠나. 어림도 없는 일이지. 10살짜리 아이가 밀어도 넘어지는 나를 네가 잡아주지 않으면 나는 어떻게 설 수 있었겠나.

　세상의 수고 끝나는 날까지 나와 같이할 든든한 네가 있어 나는 오늘을 힘차게 살아간다. 고맙다. 약해 보이지만 강한 내 발이여.

　머잖아 봄이 온단다. 꽃구경도 가고 불어오는 초록 바람도 맞으러 가자. 다시 한번, 미안하다 고맙다.

세상 사는 이야기

　미장원 가는 날이다. 옥수수를 쪄서 식지 않게 포일에 하나씩 쌌다. 식기 전에 어서 가야지 마음이 바쁘다.
　일산으로 이사 온 후로 단골이 된 미장원은 흰돌마을 영구 임대 아파트 안에 있다. 아파트 입구 대로변에는 제법 큰 상가들이 있지만, 안으로 들어가면 중간쯤에 단층 건물 하나가 있다. 점포도 세 칸뿐인 작은 상가다. 그중에 한 칸을 빌려 미장원이 자리 잡은 지 20년이 넘는다.
　머리만 손질하는 곳이 아니고 마음과 마음을 주고받는 곳이다. 사랑이 있고 배려가 있고 나눔이 있다. 파마 한 번에 나이 드신 어른들은 이만 원이고 젊은 분들은 이만 오천 원이었는데 요즈음 오천 원이 올랐다. 손님들이 올려 받으라고 간청해서 올린 지 얼마 되지 않았다.
　값도 싸지만 메마른 세상에 돈으로 살 수 없는 정을 주고받는 곳이다. 이곳은 사람 냄새가 나서 참 좋다. 드나드는 이들 대부분이 손님이 아니라 도와주고 싶어 오는 분들이다. 주인인 미용사를 늙은이나 젊은이나 하나같이 "원장아." 하고 부른다.

처음 오는 사람은 누가 손님인지 주인인지 분간이 안 된다. 머리카락이 바닥에 널브러져 있으면 먼저 보는 이가 깔끔하게 비질을 한다. 쓰레기도 내다 버린다. 원장은 당연하다는 듯이 머리만 손질하고 있다. 파마 손님이 많을 때는 모두가 보조 미용사처럼 일사천리로 일손이 척척 맞는다. 원장 수입을 생각하면 기분이 좋아서 너도나도 거든다.

대충 한 시간이면 돌돌 만 롤을 풀어 주는 작업도 손님들이 알아서 한다. 보조 미용사가 필요 없다. 모두가 무보수 조수들이다. 마름종이를 무릎 위에 얹어놓고 소쿠리에 가지런히 펴서 차곡차곡 정리하는 것도 먼저 보는 이의 몫이다.

원장은 참 예쁘다. 마음이 더 곱고 착하다. 삼십 대 초반에 바람난 남편과 헤어지고 아이 둘을 데리고 이 일을 시작한 지 이십여 년이 되었다. 미장원 쪽방에서 아들딸을 키우며 막막하고 외로웠을 것이다. 그러나 죽으라는 법은 없었던가. 고마운 이웃이 있어 가난을 벗어났다고 고백하는 쉰을 넘긴 미용사.

이제 그도 중년을 바라본다. 아들은 군대 복무 중이고 딸은 대학생이다. 변두리에 작은 아파트도 장만했다. 처음 미장원을 시작할 때를 생각하면 내 집을 가진 부자다. 이제 살 만하다. 남이 보기에는 어설픈 미장원 같지만 여기에서 살길을 찾았고 어려운 고비를 넘겼다. 고운 성품은 어제가 오늘이고 오늘이 내일이다. 이제나저제나 한결같다. 그를 보면 무엇이든 주고 싶고 열심히 살아온 그를 돕고 싶은 것이 우리의 마음이다.

이곳에는 원주민들이 많아 아직도 농사짓는 분들이 더러 있다. 농사지은 것으로 참기름 들기름을 짜서 들고 오면 거기 모인 분들이 나누어 사 가지고 간다. 감자를 캐면 미장원 앞에 수북이 쌓아 둔다. 농사지은 분은 팔아서 좋고 사는 분은 속을 일이 없으니 좋다. 어찌 보면 물물교환하는 장마당을 방불케 한다. 팔 사람도 미장원에 갖다 놓고 살 사람은 필요한 것이 언제 오는지 원장한테 묻기도 한다. 미장원 원장은 중간상인 같고 위탁업을 하는 것 같지만 수입은 한 푼도 없다.

미장원은 머리하려는 사람보다 중늙은이들의 놀이터처럼 북적거린다. 과수원에 감이 익으면 가져오고 서리태나 메주콩도 서로 가져와서 나눈다. 별난 것이 있으면 서로 알려 주어 사게 한다.

나는 컴퓨터 엄마로 통한다. 장마당에 없는 것들은 인터넷에 싼 것이 나오면 사다 준다. 코로나가 심할 때는 마스크도 많이 사다 날랐다. 주문이 많아서 집집마다 배달이 어려울 때는 한꺼번에 사서 보따리로 나르기도 했다. 그분들을 위하는 심부름이 참 즐겁다.

옥수수를 들고 미장원으로 가는 발걸음이 가볍다. 걸어서 갈 만한 거리지만 옥수수가 식을까 봐 버스를 탔다. 식기 전에 나누어 먹고 싶다. 미용실이 저기 보인다.

엄마라는 이름

공짜로 얻은 아들이 하나 있다. 우리 아들은 어머니, 하고 부르는데 이 아들은 항상 엄마라고 부른다. 같은 말인데 엄마라는 언어에서 배어 나오는 의미는 남다르다. 살뜰한 정도 들고 품 안에 안긴 자식처럼 만만하고 푸근해서 좋다.

아들딸들은 멀리 살아서 자주 오지 못하지만, 가까이 사는 이 아들은 부르면 달려온다. 운전을 접은 후에도 손발처럼 움직여 주니 불편함이 없다.

마음 터놓고 저희들이 겪는 소소한 일들을 서슴없이 의논하고 아이들 문제도 상의하며 우리의 의견에 항상 따른다. 내 앞에서는 철없는 아이처럼 숨기는 것도 없고 비밀도 없는 살가운 아들이다.

열일곱 나이에 우리 집에 왔을 때를 생각하면 아득한 45년의 세월이 어제처럼 지나갔다. 이글거리는 불꽃처럼 눈에 총기가 톡톡 튀는 아이였다. 첫눈에 총명하다는 생각이 들었다. 경상도 의령 벽촌 화정면에 대대로 모셔 온 조상님들의 묘를 살펴주며 재실을 관리하는 분의 아들이다. 성묘 가는 날이면 언뜻 지나치다 본 것 같기도 했지만 기억에는 없었다.

　우리 집 주소만 들고 낯선 서울 땅에 우리 하나 믿고 찾아온 아이였다. 식구가 한 사람 늘어나는 것은 넉넉지 않은 가계에 어려운 모험이었지만 내칠 수가 없었다. 인연이 무엇일까. 만들어지는 것도 아니고 찾아 얻는 것도 아니며 우연이고 보이지 않는 전능자의 섭리인 것 같다.

　아이의 엄마는 아이가 얼굴도 익히기 전에 세상을 떠났다. 계모가 들어왔지만 무정함에 서러웠고 정이 그리웠지만 정 붙일 곳이 없었다. 초등학교를 마치고 밥 먹여주고 잠재워 주는 곳을 찾아 헤매다가 머문 곳이 마산의 세탁소였다. 세탁 기술을 배우면서 밤이면 세탁소 다림질판이 침대였다. 잠을 줄이면서 짜깁기도 연습해 보고 재봉틀 앞에 앉아 바느질도 익혔다고 했다.

　이 아이가 지금 쉽게 할 수 있는 것이 무엇일까. 고민하다가 양장점을 운영하는 절친한 교우한테서 일을 배우게 했다. 눈썰미가 남다르고 손재주가 있다는 칭찬의 소리를 들으며 일을 착실하게 배우면서 자랐다.

　맡겨진 일은 무엇이든 최선을 다하는 열심과 근면이 아이가 지닌 장점이었다. 단추 다는 일부터 시작했지만 하나를 가르치면 열을 깨닫는 지혜가 있었다. 창조적인 구상을 시도하는 명석함이 돋보였으며 새로운 것을 추구하는 진취적인 도안에서 자신감이나 능력이 예사롭지 않아 보였다.

　새로울수록 돋보이는 것이 시대에 맞는 디자인이던 때에 배우지도 않았고 가르쳐 준 스승도 없었다. 보이지 않던 잠재력이 불꽃처럼 피어났다. 디자인을 위한 책을 보면 새로운 아이디어가 떠오른다고 했다. 타고난 능력이었다. 배우고 공부해서 얻은 지식이 아니고 하나를 알면 다른 하나를 발견하는 창의적인 노력이었다. 그것은 그를 놀랍게 변화시켰다. 천재는 어디에 숨어있는 것일까. 타오르는 듯 밝은 눈빛일까.

　스물다섯 살이 될 무렵 명동에서 이름난 유명 양장점으로 진출했다. 그럴싸한 디자이너의 모습과 정열적인 눈매에서 자수성가라는 말이 떠올랐다. 어린 나이에 더부살이하며 겪은 고난의 그림자도 보이지 않았다. 후원자도 없고 이끄는 자도 없었지만 곧고 바르게 일어선 그가 영웅처럼 위대해 보였다.

　우리 곁을 떠나 독립하는 그를 배웅하는데 나를 껴안으며 "엄마!" 하고 부른다. 그 애 입에서 처음 듣는 호칭이었다. "저는 엄마를 불러 보는 것이 소원입니다. 엄마라고 부르고 싶으니 허락해 주십시오." 얼마나 망설이다가 하는 말일까. 엄마라는 이름을 얼마나 원 없이 불러보고 싶었을까. "나는 너의 엄마가 된 지 오래되었다. 네가 우리 집에 오는 날부터였다."라고 했다.

　엄마에 대한 아들의 책임인지 월급을 받으면 내게로 가져와서 맡기고 갔다. 작은 물방울이 모여 강물이 되고 모래알이 모여 탑이 되듯이 차곡차곡 통장에 쌓여 갔다. 집을 떠나 혼자 지내면서도 주일이면 한 주도 결석 없이 집으로 와서 같이 교회 생활에 충실했으며 우리 아이들과 혈육처럼 우애가 남다르게 지냈다. 어느덧 우리 가정의 모든 풍습을 닮아 한 가족이 되었다.

   같은 직장에서 일하던 디자이너와 결혼도 하고 유명패션에서 높은 연봉을 받으며 여유롭게 살아간다. 벌써 예순의 고개를 넘었다. 손자를 안은 그를 보며 내가 너무 오래 사는가 싶을 때가 있다.

   무엇보다 고마운 것은 우리 가정을 통해 신앙을 가진 것이다. 그가 받은 가장 큰 축복이 아닐까 싶다. 전통을 이어가는 든든한 교회의 장로로 세움 받아 충성된 일꾼으로 인정받으며 살아가는 아들이 나의 자랑이다.

   "엄마 기다리고 계세요. 지금 갑니다." 전화에서 들리는 음성이 밝고 명랑하다. 무슨 좋은 일이라도 생겼나 보다. 아들이 좋아하는 부대찌개를 만든다. 맛있게 먹을 아들을 기다린다.

손으로 엮은 정

아이들 집에 가면 우리 집에는 없는 것이 있다. 내 손으로 정성을 들인 수예품이다. 현관에 들어서면 아들 집에도 딸 집에도 가장 잘 보이는 자리에 장식품처럼 액자에 담겨 걸려 있다.

엄마의 숨결을 자주 느낄 수 있는 것이 무엇일까. 자식을 향한 다함이 없는 사랑과 가슴에 담아둘 애틋한 정을 표현하고 싶었다.

자신 있는 것이 자수였다. 정성이 밴 손끝의 사랑을 아들과 딸한테 해 주기로 마음을 굳히고 수틀을 잡았다.

며느리에게는 우리 집 식구가 되어 준 고마움과 대를 이어 가문을 이끌어 갈 후계자라는 생각에 둥근 수틀을 안고 한 땀 한 땀 수놓으며 행복했다. 딸에게는 엄마의 다함이 없는 사랑의 끈을 잇고 싶은 욕심에서 한 올 한 올 정성으로 엮었다.

자식을 향한 엄마의 다함이 없는 사랑과 평생토록 가슴에 사무치게 담아둔 애틋한 정을 그 안에 심었다. 수고와 정성이 담긴 엄마의 손끝이 지나간 자리를 아이들이 기억하기를 바라는 마음이

기도 하다.

딸아이 집의 수예품은 숲속의 작은 집이다. 새가 날고 수목이 울창하며 현관문에 장미 덩굴이 우거져서 이름을 붙인다면 스위트 홈이 금방 떠오른다. 엄마가 늘 살고 싶어 하던 언덕 위에 작은 집. 딸은 엄마의 손끝에서 마름 지은 집을 엄마가 꿈꾸던 집이라 생각하지 않을까.

아들 집에는 엄마가 아들딸 둘을 앉혀놓고 성경을 읽는 액자가 있다. 아들과 함께 수예점에 가서 고른 본이다. 수채화 같은 수예 본도 있고 화려한 모란이나 장미 본도 많은데, 참 흐뭇했다. 아이들이 성경적인 삶을 산다는 것은 얼마나 복된 일일까.

마무리 짓는 데 반년이 걸렸지만 백열등 아래서 아이들의 모습과 며느리의 얼굴이 완성되어 가는 기쁨은 가슴마저 두근거리게 했다.

이제는 눈이 흐려지고 열정도 식었다. 고운 비단에 수를 놓는 것도 올이 고운 천에 수를 놓는 것도 어림없는 일이다. 눈썰미와 재주를 동원해서 사람 앞에 칭찬받던 수예 솜씨도 옛이야기다.

젊은 날 나의 도도함이 엿보이기도 하고, 지금의 바탕이 되어준 정신력과 이루고 싶었던 작은 꿈의 결과로도 보인다. 수예는 밝은 눈이다. 반딧불에 책을 읽을 만큼 시력이 탁월했던 시절도 있었.

견우와 직녀가 만나는 칠월 칠석 밤중에 바늘귀를 꿰면 좋은 일이 생긴다면서 언니들과 겨루어 맨 먼저 바늘귀를 꿰었던 청명한 눈이었다. 이제는 가없는 꿈이다.

  오래전에 미완성으로 수예 상자에 잠들어 있는 장미 본 식탁보는 마무리를 못 한 채 피려다 시들어 버린 모습을 하고 있다. 이제는 가없는 욕심을 버려야지, 한 몸 짊어지기도 어려운데 욕심까지 짊어지지 않기로 했다.

  누구에게 배운 기억은 없지만 손재주가 있는 아이로 엄마의 칭찬을 받으며 자랐다. 동양수 십자수 가리지 않고 그림 같다는 말을 많이 들었다.

  결혼 후 첫아이가 서너 살 되었을 때다. 내 또래의 새댁이 우리 집 방 한 칸에 세 얻어 살았다. 퇴근해서 집에 오면 언제나 손수건 크기의 하얀 옥양목 천에 수를 놓고 있었다. 네모진 천조각 한쪽 귀퉁이에만 처녀 둘이 널뛰는 그림과 갑사댕기 휘날리며 그네 뛰는 그림이 프린트 되어 있었다. 성당을 통해 외국에서 주문이 들어온 일감이라고 했다. 듣고 보니 열심히 하면 가계에 보탬이 되는 액수였다.

  수예는 자신이 있는 터라 성당을 찾아가서 담당 수녀님을 만났다. 어느 정도 실력인지 해보라며 수틀과 색실, 프린트 되어 있는 천을 내어준다.

  프린트는 그네였다. 푸른 솔은 살을 치고 그넷줄은 꼬아서 늘어뜨렸다. 마주 보며 그네를 뛰는 한쪽은 꽃분홍 치마에 노랑 저고리를, 마주 선 다른 한쪽은 파란 치마에 분홍 저고리로 완성했다.

그림보다 예민한 솜씨라며 필요한 만큼 일감을 가져가라고 했다. 수입을 생각하면 욕심이 났지만 낮에는 직장에 가야 하니 욕심을 버리고 밤에만 한 장씩 수를 놓았다. 소득은 기대 이상이었다.

한국의 상징처럼 보이는 이 수예품은 어느 나라에서 주문한 것인지 우리나라가 수출한 상품이었는지는 모르지만 냅킨으로 사용될 만한 용도였다.

아들은 그때의 엄마를 기억하며 엄마의 시력이 흐려짐을 아쉬워하지만, 눈이 밝은 나이에 내 마음을 다한 수예품 한 점은 아들딸에게 영원히 남을 나의 가슴이요 사랑이며 손으로 이루어낸 유품이다.

아들은 우산이다

　전화에서 들리는 아들의 목소리, 얼굴은 보이지 않지만 음성만으로도 서로의 기분이 감지된다. 엄마와 자식 관계에서 느낌은 거의 적중한다. "어머니 접니다." "응 나야." 한마디 했을 뿐인데 아들은 "어머니 아프시네요." 첫인사가 그렇다. 아니라고 하면 "음성만 들어도 환하게 보입니다." 대답할 여유도 주지 않고 선수를 치며 다그친다. 아들만 그럴까. 천 리 밖에서 들려오는 음성만 들어도 아들의 심기가 불편한지 편하게 탈 없이 지내는지 쉽게 알아차리기는 나도 마찬가지다.

　목소리에 힘이 없거나 말소리가 가라앉아 있으면 가슴이 덜컹 내려앉는다. 삼십 년을 넘게 내 손으로 키웠고 내가 바라던 소원대로 자라 준 아들인데 그도 나를 알고 나도 그를 거울 보듯이 다 안다.

　아들이 자랄 때를 생각하면 누구보다 행복한 엄마였다. 품에 안고 있으면 세상이 다 내 안에 있는 듯 든든한 우주였고 하늘이었다. 어떤 시련에도 견딜 수 있는 힘이었고 가진 것이 적어도 부자가 부럽지 않았다. 나만 지닌 값진 보석이고 자존심이기도 했다. 숨소리만 들어도 머리만 짚어보아도 아픈 데를 알아낼 만큼 예민한 모정이었다.

돌이 되기도 전부터 열이 나면 귀가 헐고 목이 부어 보채는 날이 많았다. 자라면서 결국 열두 살 때 편도선염을 수술하고 열네 살에 축농증 수술을 하는 고통을 겪었다. 지금처럼 의료시설이 좋은 때도 아니었지만 어린 것이 용케도 잘 견디어서 지금도 그때를 생각하면 마음이 아프다.

붕대로 얼굴을 감고 호흡도 마음대로 못 하고 누워있는 병원 침대 곁에서 기도하고 있는데 엄마를 흔든다. "엄마, 걱정하지 마, 나는 하나님의 선물이잖아. 하나님이 고쳐 주실 거야." 태중에서부터 가르쳐온 믿음이 어린 마음에 심어져서 뿌리내린 것이 대견하기만 했다.

신앙이 일치하지 않는 시댁 가족들이 모이는 집안 행사에 나는 미움의 대상이었다. 아들은 이런 엄마의 우산이고 바람막이였다. 타협할 수 없는 종교적인 갈등을 겪을 때마다 철없는 아들이 손을 꼭 잡아주며 "엄마 내가 있잖아, 울지 마. 엄마는 우리 집의 전도사잖아." 하고 위로하던 참 멋진 아들이었다.

거역할 줄 모르는 고분고분 순종하는 아이가 하는 짓은 예쁘지 않은 것이 없었다. 모든 희망의 전부요 행복의 근원이 아들이었다.

초등학교 일학년 어머니날에 받은 선물을 잊을 수가 없다. 어머니날에 엄마를 초청해서 드릴 선물을 준비해 오라는 학교의 통지문이 왔다. 준비된 것이 없어 색종이로 만든 카네이션을 주면서 엄마가 학교에 가거든 이 꽃을 엄마한테 달아 달라며 가방에 넣어 주었다.

아이들과 엄마들이 교실에서 마주 보고 앉았다. 선생님이 어머니께 선물을 드리라고 했다. 내가 준비해 준 카네이션이 아니고 보석함 같은 빨간 우단 상자를 내 앞에 놓으면서 싱긋 웃는다. 뜻밖에도 거기엔 빛나는 브로치가 들어 있었다.

엄마한테 좋은 선물을 하고 싶었던 일곱 살 아들은 아버지께 엄마의 선물을 부탁했다. 퇴근길에 아들의 부탁으로 명동 입구에 들어서는데 가스 불빛 아래 빛나는 보석이 눈에 들어왔다. 리어카에서 파는 브로치였다. 값은 저렴했지만 브로치보다 비싼 자주색 우단 상자에 넣으니 돋보이더란다. 아버지와 아들의 공모 사실에 행복했던 엄마였다.

어머니날 글짓기를 하면 항상 상을 타왔다. 윤석중 선생님의 새싹회에서는 해마다 어린이날이면 전국 초등학생 글짓기 대회가 열렸다. 비중이 큰 대회였음에도 「어머니」라는 제목의 글로 큰 상을 받을 때 아들의 글재주에 내가 이루지 못한 문학의 꿈을 아들이 이루려나 기대를 했다.

중학생일 때 교지에 가장 이상적인 여성상이 누구인가 묻는 설

문지에 아들의 이상적인 여성은 엄마라고 적혀 있었다. 지금도 중학교 친구 엄마들을 만나면 이상형의 엄마로 화제가 되고 있지만 빛바랜 어린 날의 기준일 뿐, 지금은 분명히 다르지 싶다.

23년 전 내게 컴퓨터 사용법과 인터넷을 가르쳐 준 이도 아들이다. 사용 중에 문제가 생길 때마다 원격 조정으로 모든 문제를 해결하는 아들이 없었으면 문명에 한참 뒤떨어진 사람이 되지 않았을까.

우리 집은 아들이 오면 온 집 안을 샅샅이 살펴보고 고칠 것은 고치고 버릴 것은 버려준다. 오디오에서부터 모든 전자제품에 이르기까지 완벽하게 점검을 다 해 보고 불편하지 않도록 해 놓고 간다.

서른 살이 되던 어느 날, 지나가는 말처럼 "새벽기도 갈 때 같이 가겠다고 따라 나서는 며느리가 우리 집 식구로 왔으면 좋겠다."고 했다. 심각한 얼굴로 "어머니 요즈음 새벽기도 따라가겠다는 아가씨 없을 것 같은데요." 하는 표정이 곧이곧대로 알아듣고 고민한 눈치가 역력하다. 엄마의 희망 사항일 뿐이니 지나친 엄마의 욕심을 이해하라고 타일렀다.

그러나 생각까지도 헤아리시는 하나님은 스스로 새벽기도에 앞장서는 며느리를 맞이했으니 원하는 대로 내리시는 축복이 아닌가 싶다.

든든한 아들은 찬 이슬을 피할 우산이요 요새처럼 든든하다. 나의 핸드폰에 적힌 아들의 이름은 복의 근원이다. 믿음의 조상 아브라함이 받은 축복을 누리는 아들이 되기를 바라는 엄마의 간절함이 담겨 있는 이름이다.

2

초이草伊의 노래

초이草伊의 노래
파랑새의 꿈
빗장
동아冬芽
수족관
한솥밥
장애가 준 선물
예순의 길목
승자와 패자
아들에게 쓴 편지
이별

초이草伊의 노래

서편 창으로 해넘이를 본다. 세월과 함께 그윽하게 나이를 먹은 나를 보는 듯하다.

동이 틀 때 태양은 세상을 제패할 듯 힘차고 장엄한데, 황혼이 질 때 노을은 마지못해 웃음 짓는 여인처럼 수줍다. 하늘가에 떠다니던 구름도 흩어져 제 갈 길을 서두른다. 은은한 채운이 감도는 해 질 녘의 서쪽 하늘은 복사꽃처럼 아름답다. 하루를 마무리하는 태양의 마지막 순간이 지나면 어두움이 찾아든다.

"날도 저물고 나도 저물었네." 들릴 듯 말 듯한 남편의 뜬금 없는 소리는 스러져 가는 황혼의 노래처럼 들린다. "한낮이 끝나면 밤이 오듯이 우리의 사랑도 저물었네" 이별의 노래 한 소절이 입안에 뱅뱅 돌았지만, 듣기 좋은 말로 그를 깨우고 싶어 "해가 져야 내일 다시 해가 뜨고 밤이 있어야 쉴 수 있으니 얼마나 멋진 자연의 조화인가요." 어렵게 맞장구를 쳐 보건만 어두움이 깔린 남편의 얼굴은 젊음을 잃어버린 지난날의 흔적만 보인다.

태양처럼 빛나던 열정은 어디에 두고 저무는 노을을 닮았을까. 위로가 될까 하고 "노을처럼 당신도 고와요." 듣는 둥 마는 둥 고개를 돌리며 나직한 웃음을 흘릴 뿐이다.

찬란하게 솟아오르던 태양처럼 화려하게 도전하던 패기도 있었고 하늘을 나르는 천마처럼 빠르고 힘이 넘쳤던 한낮의 뜨거운 기운도 있었다. 서막序幕이 열리면 화려한 무대의 주인공이 되기도 했다.

전쟁터 같은 사회에서 승부를 알 수 없는 경쟁의 늪을 헤쳐 나오며 희열의 기쁨도 누렸다. 쉴 틈도 놀 틈도 없이 숨차게 달려온 남편의 인생, 여행 한번 해 보고 싶고 실컷 늦잠 한번 자 보고 싶은 것이 바람이었던 시절도 지나갔다.

한낮을 지나 어느새 해거름에 서 있다. 잃었는지 버렸는지 소유하고 싶은 욕심도 없어졌다. 부질없어 감정이나 느낌의 표현도 절제하며 묵언수행이다.

아름답고 놀라운 일이 가득한 세상에서 그 많은 은혜의 날들도 지내왔고, 질그릇같이 연약하여 부서질 때도 있었다. 광야 같은 세상이라지만 기화요초가 피고 지고 마른 땅에 시내가 흐르듯 넉넉한 채움의 세월도 겪어왔다. 소나기 지나간 후에 햇빛도 보았고 눈물 난 후에 기쁨도 있었다. 한세상이 그렇게 지나갔다.

나이는 쌓이는 것이지 버리는 것이 아니다. 나이가 준 선물인지 남편의 거동이 불편해졌지만 달라진 것이 없다. 보호자라는 위치를 버린 적이 없고 흔들리지도 않는다. 시시때때로 아내에게 명령도 하고 꾸중도 한다. 달리지 못한다고 마음마저 주저앉은 것은 아니라는 말을 자주 한다. 완벽한 성품은 나이에 좌우되지 않는다. 그의 따스하고 훈훈한 식지 않는 마음이 나를 지탱하는 힘이다.

때로는 이 나이에 간섭받으며 살아야 하나 싶기도 하지만 참 든든하다. 확고한 기준을 세우고 "내 사람은 내가 지킨다."는 다짐이라도 한 것처럼 보인다.

황혼에 접어들었지만 수금竪琴과 비파琵琶처럼 화음을 이루며 노래 부를 수 있으니 감사하다. 마음 열고 대화를 나누며 웃을 수 있으니 이 또한 은혜이다. 내 일생에 단 하나의 사람이기에 그의 아픔은 성찰의 기회요 보답할 수 있는 과정일 뿐이다.

가장 슬픈 것도 행복한 것도 동시에 느끼게 한 사람, 소중한 것이 아무리 많다 한들 남편보다 소중할까. 어둠이 밀려온다 해도 희망의 등불을 끄지 않을 것이며 기도의 촛불을 밝힐 것이다.

붉은 노을처럼 잠시 머물다가 사라진다 해도 아름답게 곱게 물들고 싶다.

우리의 영원한 본향에서 귀천歸天의 나팔이 울릴 때까지….

파랑새의 꿈

잡으려고 달려가도 잡히지 않는 파랑새는 꿈이었다.

농촌에서 아담한 집을 짓고 꽃들을 가꾸며, 유실수를 심고 먹을 만한 채소를 가꾸며 살고 싶은 가능한 꿈을 꾸었다.

언젠가는 이루리라는 희망을 잃지 않고 살아왔다. 내 손에 잡히지 않는 것을 붙잡으려고 집착했던 날들이 한순간에 거품처럼 사라졌다.

시시때때로 마음을 홀리던 그 소원을 접은 것은 마음만 먹으면 어디든지 달릴 수 있는 자동차가 없어지면서부터였다. 기동력이 사라지고 가야 할 곳과 움직일 수 있는 거리와 방향을 재어보니 불가능한 꿈이었다.

오래전부터 이루고 싶었던 귀농의 소원은 허망한 꿈일까 배부른 공상일까. 잡으려면 진즉에 잡을 것이지 늘그막에 안 되는 줄 번연히 알면서 놓치지를 못했다. 적절치 못한 꿈이라는 남편의 타박을 받을 때마다 언젠가는 반드시 이루겠다는 다짐을 하곤 했다.

식구들의 옳은 말이 내게는 잔소리로 들렸고 하고 싶은 것은 하고야 마는 못된 고집이 있었지만 결정권자인 남편이 허락지 않으니 기회를 수없이 놓치면서도 이루지 못한 한이 겹겹으로 쌓여 있었다.

  남들은 힘든 농촌생활을 벗어나고 싶어 하는데 숲을 지고 불로 뛰어들려 한다는 말은 꾸중이 아니라 날을 세운 검처럼 호된 반대에 항상 부딪혔다.

  기차를 타고 가다가도 산세 좋고 시냇물이 흐르는 곳을 보면 내리고 싶었다. 저기 저 작은 창문이 달린 집이 내 집이면 좋겠고, 버스를 타고 장거리를 가다가도 조용한 언덕바지에 빨간 지붕의 그림 같은 집이 보이면 저게 내 집이면 얼마나 좋을까.

  타샤 튜더가 이루어 놓은 30만 평의 정원을 원한 것도 아니었다. 내 손으로 가꿀 수 있을 만큼의 정원과 텃밭만 갖는 것이 무슨 원대한 꿈이라고 감성적이고 어리석은 여자로 낙인찍어 몰아가는 가족이 야속하기만 했다.

  내 손으로 가꾼 식물로 밥상을 차리고 내가 심은 향기 나는 화초를 보며 글을 쓰고 싶었다. 자연 속에서 집을 단장하며 사는 이 단순한 희망을 이루지 못하고 여기까지 왔으니 이룰 수 없는 꿈은 슬프다고 해야 할까.

  산이 둘러쳐진 작은 마을 양지바른 농촌에서 아침이슬 머금은 꽃과 나무와 풀을 보고 사는 전원생활, 포도 넝쿨이 우거지고 대추와 사과가 달리고 바람 소리에 부대끼는 나무들의 흔들림을 들으며 날아온 홀씨들이 틈에서 꽃을 피우는 언덕 위에 작은 집, 담장은 없어도 좋고 낮을수록 정답다. 경계에 쥐똥나무를 심어 울을 만들고 봄이면 하얀 꽃이 피고 가을이면 쥐똥 열매가 달리는 울타리를 갖고 싶었다.

봄이면 라일락 향기를 풍기고 유월이면 아치 위에 장미가 웃음 짓는 집, 밀짚모자를 눌러쓰고 잔디에 풀을 뽑으면서 파란 하늘에 떠가는 구름을 보면 눈도 맑아지겠지. 밤이면 등불 밝히고 잔디 위에 멍석을 깔고 책을 보는 나만의 시간들을 꿈꾸었다.

가을바람이 불어오면 감이 익을 것이다. 이웃과 나누어 먹으며 정담도 나누고 까치밥도 남겨 두리라. 겨울이면 난로에 불을 지피고 훈훈한 거실에서 보리차를 마시면서 살아온 얘기도 나누며 살고 싶었다.

헐고 짓고 다듬었던 수많은 설계를 흔적도 없이 날려 보낸다.

꿈을 가질 때가 행복했다. 애틋한 것은 이루지 못할수록 더 아름답다고 하지 않던가.

겉보기에는 전과 다름이 없지만 보이지 않는 마음을 밝게 높게 조정할 수 있는 것은 자신이다. 포기하는 마음도 시작하는 마음도 내 마음대로다. 변화된 것은 마음의 중심이다.

대가도 없는 남편을 돌보는, 이 끝이 없는 고용직에 충실하는 것도 가꾸는 훈련이며 가치 있는 투자가 아닌가. 봄 같은 마음으로 꽃을 피우고 푸르른 맑은 마음으로 살다 보면 아름다운 추수를 거두들일 것이다.

포기한 꿈은 파랑새 되어 내 안에 포르르 날고 있다.

빗장

 나서기를 좋아하는 기질도 갖지 못했다. 있는 듯 없는 듯 숨소리도 죽여가며 조용히 살아가는 것이 미덕이고 본분이라고 여겼다. 누구와도 어울리기 좋아하는 성품도 아니지만 주눅이 몸에 배어서 사람 만나는 것이 부담스러웠다. 아는 분이 보이면 피해서 다닐 때도 있었다. 폐쇄적이고 옹졸하고 용기 없는 삶을 살아왔다.

 수필을 만난 이후 본능이던 품격이나 성정이 바뀌었다. 수필은 솔직한 자아를 보여줄 때 독자가 공감한다. 내 안에 감추인 아픈 흔적도 아물지 않은 상처도 자랑하고 싶은 사랑 얘기도 파편처럼 너절하게 스쳐 지나간 조각들, 이것들은 나의 실존이기도 하지만 비장품의 창고였다. 글을 쓰기 위한 재목을 삼기 위해 창고의 빗장을 열었다.

 하나둘 세상 앞에 드러내는 보석들은 또 다른 내 얼굴이 되어 독자들을 만난다. 처음이 부끄럽지 이제는 겁도 없고 남사스러움도 없다. 담대해졌다. 치부의 부끄러움은 넘어섰다. 감춘 것이 많으면

2_초이의 노래 *61*

병이 드는가. 빈 들의 마른 풀같이 약했던 건강이 회복된 것도 응어리진 아픔들을 풀어준 수필의 공이다.

누구와 만나면 먼저 다가선다. 내겐 기적 같은 일이다. 용기 충천하여 겁 없는 여자가 되었다. 수필의 위대한 힘은 내성적인 나를 긍정적이고 밝은 사람으로 바꾸는 데 성공했다. 숨길 것도 없고 자랑거리도 없지만 글이 되어 가는 과정 속에 또 다른 나를 만들어 가고 있다.

아침 산책길에서 변화된 나와 마주친다. 반가운 이를 만났다. 말 걸기 싫어 돌아가야 내 모습인데 수줍음도 없이 다가선다. 「칼의 노래」, 「남한산성」, 「하얼빈」을 쓰신 소설가 선생님이다. 그분의 팬이 된 것은 산문집 『연필로 쓰기』를 읽은 후부터다. 옛날 같으면 이분을 만나도 못 본 척 그냥 지나쳤을 것이다. 이젠 겁 없이 당당한 여자가 되었다.

책에서 본 사진과 닮았다. 흐트러진 백발에 약간 갸름한 형상이 틀림없어 보인다. 먼저 말을 건다. "혹시 김훈 선생님 아니신가요?" 분명히 수필 쓰기 전의 나는 이런 여자가 아니었는데 간도 크다.

산책길에 후줄근한 운동복 차림은 그도 나도 마찬가지다. 원로답지 않게 여자가 이름을 부르니 놀란 표정이다. "예 그렇습니다." "저 선생님 독자입니다." 선생님의 베스트셀러를 줄줄이 들먹거리며 다 읽었다고 했다. 그리고 『연필로 쓰기』 산문집도 읽었다는 말에 얼굴이 환해지셨다. 저도 수필 쓴다고 아주 낮은 음성으로 조근 조근 말했다.

  선생님과 나란히 걸어 집 앞까지 왔다. 작가는 작품을 읽어준 독자가 가장 반갑다. 그것은 응원이고 희망이며 힘이다. 산문집에서 읽은 대목이 떠올라 "선생님, 올해도 오이지 담그셨어요?" 하하 웃음으로 답을 하시는 그 얼굴이 천진무구天眞無垢하다. 글을 쓰는 사람은 늙지 않는다더니 선생님이 그렇게 보였다.

  수필은 솔직함과 정직한 자의 몫이지만, 사람을 변화시키는 강한 힘을 가졌다. 숙제 하나가 생각난다. 지금의 나, 잠재 속에 숨어 있던 본래의 나를 수필이 찾아낸 것은 아닐까.

동아冬芽

 겨울나무들은 조용하다. 옷을 벗은 나무들은 웬만한 바람이 불어도 눈이 내려도 미동도 하지 않는다. 실버들만은 잔잔한 바람에도 추위를 이기지 못해 떨고 있다. 실같이 가늘고 약한 것이 설한雪寒을 견디어 내려는 몸부림처럼 흔들리는 몸짓이 애처롭다.
 늘어진 약한 가지가 죽은 것처럼 보이지만 파리한 줄기에 동아冬芽를 품고 있다. 마치 임부의 배처럼 소복하다. 자는 듯이 엎드려 있지만 생명을 품었기에 가만한 바람에 흔들리면서도 버티는가 보다. 궁극에 이르면 없던 힘이 솟는 것처럼, 실버들은 어느 나무들보다 봄이 오는 것을 알아차리고 맨 먼저 눈을 뜬다. 멀리서도 노르스름하게 물이 오른 모습을 보면 겨울을 이겨낸 그들의 인내가 대견스럽다.
 다른 나무들이 열매를 달고 붉은 옷으로 단장하고 가을을 노래할 때 실버들은 겨울을 위한 털옷을 짜며 그 안에 동아를 태동하고 있었을까. 아니면 그 무성했던 초록빛을 잃어 갈 때부터 닥쳐올 겨울을 준비했을지도 모른다. 정확한 간격을 두고 한 치의 오차 없이 사이좋게 줄기에 엎드린 동아가 없었다면 실버들 가지는 생명이 없는 것이다.

치렁치렁한 가지 중에 유달리 길게 늘어져서 호수에 잠겨 있는 가지가 있다. 호수가 얼면 얼음 속에서 살아남아야 하는 처절한 운명이다. 사각거리는 소리는 저들만의 대화일까. 조금만 기다리면 봄이 온다. 참고 견디자며 위로의 말을 주고받는 소곤거림같이 들린다.

실버들 곁에는 우람하고도 위세가 당당한 소나무가 겨울에도 추위를 겁내지 않고 서 있다. 그 푸르고 청청한 모습에 기가 죽어 고개 숙인 채 흔들리고 있는지 약한 버들이 더욱 안쓰럽다.

봄은 아직도 멀리 있는데 실버들은 만 리 밖에 있는 봄의 기척을 감지한다. 아직도 눈이 내리고 다른 나무들은 조용하건만 감았던 눈을 서둘러 뜨고 머리 빗고 나오는 아련한 고운 자태, 죽음 같은 겨울을 벗어난 화려한 부활처럼 보인다. 겨울은 고통이 아니고 기다림이라는 것을 교훈처럼 일러준다. 강한 것은 강한 것 앞에 꺾일 수 있지만 약한 것은 흔들려도 결코 꺾이지 않고 일어서는 유연함의 이치다.

인내와 절제로 수피樹皮 속에 숨었던 굳센 의지가 허물을 헤집고 봄을 맞는다. 잔바람이 흩어 놓는데도 차분히 빗질하며 낮은 곳으로 고개 숙이는 실버들의 겨울나기를 보니 봄을 기다리면서 긴 겨

2_초이의 노래

울을 참고 살아온 우리들의 세상살이와 너무나 흡사하다.

　겨울나무처럼 힘들고 추웠던 한 시대를 지나왔다. 가장이라는 이름이 지고 가는 짐도 버거운데 추위 속에 떨고 서 있는 외로운 나무처럼 보일 때도 많았다. 위로의 말 대신 흥얼거리던 콧노래가 겨울나무였다.

　　　나무야, 나무야 겨울나무야/ 눈 쌓인 응달에 외로이 서서/
　　　아무도 찾지 않는 추운 겨울을/ 바람 따라 휘파람만 불고 있느냐.

　올 듯하던 봄은 오지 않고 수없이 겪어온 겨울은 참으로 길게만 느껴졌다. 거친 빈 들판에 찬 서리를 맞으며 바람 부는 난달에 외롭게 서 있었다. 바람이 불어도 기댈 벽이 없었고 피할 곳도 없었다. 그는 마냥 혼자였다. 눈이 내리고 비가 와도 받쳐 줄 우산이 없었고 붙잡아 주는 따뜻한 손길도 없었다. 기다리는 봄은 언제 오려는지 요원하기만 했다.

　실버들이 죽지 않고 살아 있음은 숨어 있는 동아를 품었던 것처럼 그에게 숨어 있는 동아는 견디며 참아온 기다림이었다. 그것이 자신을 지탱하는 유일한 힘이고 생명이기도 했다.

　우리의 봄은 멀고도 아득했다. 기다림을 드러내지 않으면서 순리를 거스르거나 이탈하지 않고 제자리를 지켜왔다. 때로는 냉대와 찬바람의 아우성에 저항할 힘없는 가난한 사람이지만 남의 눈엔 보이지 않아도 내 눈에는 작은 가능성이 동아처럼 보일 때 희망을 잃지 않았다.

은혜로 받은 선물처럼 겨울을 이겨낸 보답으로 내려준 봄은, 아픈 설한을 이겨낸 후에 받은 상급이기에 더욱 찬란했다.

영원한 겨울은 없어 보인다. 기다리다 보면 숨어 있는 동아가 피어나는 봄날이 오지만 다만 기다림에 지칠 뿐이다.

겨울을 참고 견디며 연둣빛 고운 옷으로 갈아입은 실버들처럼, 기다림에 지치지 않고 여물어서 단단한 맑은 마음이 겨울을 풀어준 아지랑이였을까. 누리에도 가슴에도 찬란한 봄이 꽃비처럼 가득히 내린다.

수족관

　수족관 안에 갇혀서 쉼 없이 움직이는 물고기처럼 집 안에서만 뱅뱅 돌며 갇힌 신세로 지내 온 지 2년이 넘었다.
　잠시 견디다 보면 해제되겠지. 길어도 한 달 더 갈까. 석 달일까. 참으며 살다 보면 지나갈 것이니 두려움 갖지 말자며 서로 위로했다. 사스가 그렇게 지나갔고 조류인플루엔자나 메르스, 에볼라도 소란을 피웠지만 흐지부지 잦아들지 않았던가.
　살아온 날들을 돌아보면 언제나 예외가 있었다. 그럴 때마다 낙심하고 넘어지지만 다시 해는 떴다. 헤쳐 나갈 길이 열리고 터널의 암흑도 걷혔던 수많은 경험이 위로의 발판이 되곤 한다.
　무한한 과학의 세력과 힘 앞에 보란 듯이 코로나19가 선봉에 서서 우리의 삶을 훼방하며 기세등등하게 노려볼 때 우리는 두려움에 떨었다. 언젠가 떠날 것이라는 막연한 기다림은 포기가 되어버렸고 지금에 이르렀다.
　마스크가 자연스러운 치장이 되어 얼굴을 감싼다. 코와 입을 가려 숨쉬기가 답답한 것도 잠시, 금방 생활 습관처럼 적응됐다. 사람은 환경에 쉽게 동화되는 존재인가 보다.

넓은 바다에서 세상 모르고 헤엄치며 살던 물고기가 운명의 장난으로 그물에 걸려 사람의 먹이가 되는 첫 번째 과정이 수족관 감금이다. 좁은 유리창고 안에 갇혔지만 살기 위해 부지런히 움직인다. 언제 잡혀서 몸부림칠 여유도 없이 칼부림을 당할지 모르는 시한부 생명이다. 사형집행의 시각이 촌음으로 다가올 때 물고기는 어떤 생각을 할까. 바다가 아니어도 이 좁은 수족관 안에서라도 오래 살고 싶다며, 멀리 아련한 고향을 그리다가 숨을 거둘 것이다.

코로나의 역습은 집안에 많은 변화를 가져왔다. 살기 위한 수단이라 여기면서도 침해당한 자유만큼 억울하다. 현관에 걸어둔 마스크, 안방 한복판에는 매트리스가 길게 자리를 차지하고 있다. 실내 자전거도 들여와서 거실 한가운데 버티고 앉았다. 집안 분위기도 어수선하고 누가 이런 환경을 만들었는지 짜증도 난다.

잡혀 온 물고기도 오대양을 누비며 저보다 큰 고기 떼의 기습을 받을 때도 있었을 것이고 작은 고기들을 먹잇감으로 낚아챌 때도 있었을 것이다. 신비한 풀들과 보석 같은 조약돌이 어우러진 아름다운 바닷속 쉼터가 얼마나 그리울까. 그물에 걸리는 순간 화려한 바다의 낙원은 끝나 버렸다. 물고기의 생명은 거기까지가 전부다.

오색을 지닌 화려한 관상용 물고기들을 63빌딩 수족관에서 본 적이 있다. 다양한 색상의 의상은 눈이 부시게 찬란했다. 떼를 지어 움직이는 유희遊戲는 그들만의 세계를 자랑하는 신비할 만큼 아름다운 놀이였다. 수족관은 같은데 물고기의 등급은 다르다. 한쪽은 시한부 먹잇감 신세이고 한쪽은 목숨에 구애받지 않고 사람의 눈을 호사시키는 그룹이다.

코로나가 심하게 우리를 침노해 왔을 때 유난히 부음도 많았다. 추모하는 분들 대부분이 죽음 앞에 체념하는 분위기다. 슬픔보다 떠나는 날을 준비하는 태도가 더 확실해 보였다. 사람의 등급은 장례식장에서 민감하게 드러난다. 살아온 자국이 확연히 보이는 곳이기도 하다.

부자유한 생활이 계속되지만 멋진 세상이 다시 올 것이라는 기대와 희망을 품는다. 종교를 떠나 사람은 영성을 가진 존재요 영성은 인간의 속성이기에 만물의 영장이라고 하지 않던가. 무한한 세상을 만들어 갈, 우주를 정복할 사람에게 주어진 시련이지만 극복할 힘이 우리에게 있다는 것을 믿고 싶다.

한솥밥

  세상을 살아가며 어떤 사람들과 교류하는지를 보면 그분의 환경과 삶의 기준, 살아온 이력까지도 쉽게 파악이 된다. 기업을 하는 이는 그들끼리 어울리고 교육자는 그 나름대로 어울린다. 끼리끼리 논다는 말이 빈말이 아닌 것 같다.

  한솥밥을 먹고 살아온 사이라고 하면 어떤 사이일까. 우리는 하나라는 의미를 무언중 나타내는 참 친밀한 언어가 '한솥밥'이다. 먼 길을 가려면 편한 신발이 필요하듯이 머나먼 인생길에는 편안한 친구가 절실하다.

  매월 첫째 화요일이면 강남 신세계 백화점 분수대 앞으로 달려간다. 안 보면 보고 싶고 만나면 헤어지기 싫은 우리가 바로 한솥밥 식구다. 화목회라는 이름이 썩 잘 어울리는 것은 허물도 없고 미움도 없는 춤추며 노래하지 않아도 신나고 반가운 친구들이기 때문이다.

  나이도 비슷하고 자주 만나니 용모도 닮아가는 것 같다. 드문드문 얼굴에 돋아나는 검버섯도 미간의 주름도 옷 입은 스타일도 비슷하게 닮았다.

남편들이 한 직장에서 한솥밥을 먹을 때 우리는 매월 만나 봉사를 다녔다. 고아원으로 양로원으로 때로는 병원을 찾아가 환자들에게 도움을 주는 뒷일을 도와주면서 정이 들었다.

30년이 지났지만 안 보면 보고 싶고 만나면 반갑고 편안해서 좋다. 흠 없는 사람이 없겠지만 좋은 것만 보이니 그저 좋기만 하다.

우리는 참 수수하다. 치장이나 장식에는 관심이 없고 흐트러진 차림으로 만나도 주눅 들지 않는 편한 친구들이다. 체면 같은 것은 관심 밖이다. 어떤 의견에도 아니오가 없으니 항상 만장일치다.

만나면 해 지도록 해도 못다 한 이야기가 남아있다. 헤어지기 싫어 몸살이 난다. 잘난 척하는 이가 없으니 말 한마디가 끝나면 박수 없는 맞장구다.

동창도 아니고 동향도 아니건만 내 사는 것 네가 알고 너 사는 것 내가 아는 감출 것도 없으니 오로지 화목이다.

모임이 많지만 마음 맞는 사람이 참 드물다. 살아가는 방법이 다르니 어울리는 것이 불편하고 조심스럽다. 화목회만은 한 식구처럼 편하다.

남편들이 한 직장에서 책상을 마주하며 퇴직할 때까지 지내온 사이다. 앞서거니 뒤서거니 승진을 해서 지방으로 나갔다가 다시 중앙부처로 들어가기를 수차례씩 반복하면서도 정을 이어온 덕에 나라를 지켜온 역전의 용사들처럼 마치 전우들 같다. 남편들은 뒷전이고 우리들만이 돈독한 하나가 되어버렸다.

우리에겐 남다른 호칭이 있다. 남편이 나라의 공복으로 일하던 시절, 지방행정을 총괄하던 지역 이름을 부른다. 각 지역 대표자처럼 경남, 전남, 강원, 경기, 대전, 충북, 이런 이름을 부르는 것은 드문 일이지만 우리에겐 익숙하고 자연스러운 호칭이다. 이름처럼 우리는 고향이 모두 다르다.

처음 만날 때 우리 일곱 명은 쉰 살의 고개를 갓 넘긴 청춘이었다. 야속하게도 몇 해 전에 충북과 대구가 먼 길을 먼저 떠났다. 지난날 살아온 얘기에 목이 메기도 하던 한솥밥 얘기를 남겨둔 채 떠났다. 남은 다섯은 웬만하면 결석을 하지 않는다. 자리가 비면 더 허전할까 봐 두렵기 때문이다.

같이 겪어온 세월이 우리를 더 가까운 관계로 만들어 준 것 같다. 나라가 가난하니 우리도 가난했다. 박봉의 시절을 이겨내며 한솥밥을 먹고 지낸 우리들이 자랑스럽고 참 대견하게 느껴질 때가 있다. 내가 잘살아야겠다는 마음보다 나라가 잘살기를 기도했던 우리들이다. 나라의 앞날이 투명하였기에 일어설 수 있다는 희망이 우리에겐 있었다.

"새벽종이 울렸네, 새 아침이 밝았네" 노래를 하며 새마을운동을 같이했던 일심동체였던 우리들, "백두산의 푸른 정기 이 땅을 수호하고 한라산의 높은 기상 이 나라 지켜왔네." 군가처럼 노래를 부르면 피 끓는 나라 사랑에 눈물을 흘렸던 남편들은 펜을 잡은 용사들이었다.

나라가 제창한 경제 개발 5개년계획은 국민 전체를 하나로 만들었고 절대 나라 사랑의 근본은 공무원들이었다. 농촌지도자를 양성하고 근검절약과 한 줌의 절미운동에 이르기까지 새마을운동이 가르쳐 준 경제정책이었다.

농촌은 쌀을 증산하는 일에 전력투구하였으며 기업은 수출의 탑을 세우는 일에 분투하던 시절, 남편들은 공무원이 아니라 투사처럼 보였다.

퇴근도 없이 밤을 새우며 일한 적이 많았지만 불평한 적 없었고 이른 새벽 사람들의 왕래가 적은 틈을 타서 양말과 와이셔츠를 싸서 들고 정부종합청사 문전에 줄을 선 아내들, 우리는 거기서 만난 우리만의 동지들이었다. 남편들의 가슴에 타오르던 열정은 오직 대한민국의 번영이었고 새마을에 앞장선 기수들이었다.

우리는 후회 없는 날들을 회상하며 해 넘어가는 줄을 모르고 젊은 날, 고달팠지만 행복했던 그날에 머문다.

반드시 들려주고 싶은 말 한마디가 무엇이냐고 내게 묻는다면 주저 없이 하고 싶은 말이 있다. "나라 사랑은 나를 사랑하는 것이다."

장애가 준 선물

오른손이 어줍다. 나만 아는 비밀이다. 누구도 이런 장애를 감지하지 못할 만큼 내 손을 만져 보지 않고는 그저 정상적으로 평범하게 보일 뿐이다.

양손을 비교하면 오른손 집게손가락이 1센티미터쯤 짧고 가늘다. 손등에서 이어 내려온 가느다란 골격들이 다섯 손가락을 따라 길게 이어져 있다. 검지는 이용가치가 많아 손의 우두머리 격이지만 나의 오른손 검지는 힘이 없어 무용지물처럼 학대를 받아왔다. 물건을 잡기도 힘들고 들다가 떨어뜨리는 실수를 자주 한다. 젓가락은 아예 잡지를 못한다.

비 오는 하굣길에 교통사고를 당할 때 열다섯 살 2학년 중학생이었다. 창창한 꿈을 꾸던 소녀는 정신을 잃었다. 깨어나면서 처음 들은 말은 "내 새끼 살았구나." 엄마의 울음 섞인 소리였다.

휴학을 하고 치료를 받았지만 예쁜 내 손은 되돌아오지 않았다. 검지는 모양으로 달려 있을 뿐 제구실을 하지 못했다. 손등을 덮은 보기 흉한 흉터와 어긋난 손의 모양을 보며 절망하고 또 절망했다. 남의 눈에 뜨이지 않으려고 호주머니에 넣거나 감추려는 수작은 열등감만 더해갔다.

오른손으로 펜을 잡기가 힘들고 글쓰기가 가장 큰 고통이었다. 다행히도 내겐 주치의요 큰 스승인 엄마가 곁에 있었다. 시간만 나면 손을 주무르면서 힘을 달라고 하는 기도 소리를 들으며 잠이 들었다.

학교에서 돌아오던 어느 날, 엄마는 나를 타자학원으로 데리고 갔다. 한글 타자기가 나오기 전이라 영문 타자학원이었다. 오른손 검지로는 기판을 두드리지 못하는 것이 당연한 줄 알았는데, 곁에서 지켜보던 엄마가 검지로 치라고 했다. 못한다며 울었다. 타자를 치면 손가락에 힘이 돌아온다며 무섭게 혼을 내셨다. 평생 그런 모양으로 살 거냐는 엄마의 다그침이 무서웠다.

고등학교에 입학 후 가없는 엄마의 집념은 나를 타자수 자격시험장으로 가게 했다. 1분에 300자 이상을 쳐야 합격인데 넉넉히 통과했다.

엄마가 원하신 것은 타자수 자격이 아니었다. 약한 손이 힘을 얻는 것과 주눅 들지 않고 자신감을 갖게 하는 것, 노력하면 장애는 반드시 극복할 수 있다는 희망을 심어주려는 간절함이었다.

딸을 반듯하게 세우고 싶은 엄마의 기대는 또 다른 나를 만들고 있었다. 어느 순간 나도 모르는 사이 손에 힘이 생겨나고 열등감도 서서히 벗어날 수 있었다.

　장애를 가진 자들의 뛰어난 정신력과 노력은 성한 사람이 따를 수 없는 남다른 강한 힘을 가지고 있다. 장애를 바꾸기는 어렵지만 성한 사람이 갖지 못한 무한한 정신력은 용광로의 불처럼 뜨겁다. 그 힘은 피나는 눈물의 결정체다. 이 말은 나의 고백이기도 하다.

　폐기되는 타자기를 얻어와서 쉴 틈도 없이 검지를 움직이게 한 엄마의 열정 앞에 하나님이 감동하셨을까. 나를 지배하던 열등감에서 나온 오기의 결과였을까. 힘들었던 글쓰기가 기적처럼 정확한 문체로 쓰이기 시작했고 왼손의 도움 없이도 불편하지 않았다. 손의 모양은 바꿀 수 없지만 내가 써 왔던 글씨체를 되찾은 것이다.

　직장 생활을 하면서 동료들이 부러워할 만큼 펜으로 잉크를 찍어 쓰는 펜글씨는 시선 집중이었다. 아무도 손의 장애를 아는 이는 없었다. 쉽지 않은 속필速筆을 쓰기에 이르렀다. 결재자의 인정을 받아 중요한 서류를 반듯한 글씨로 기안을 만들었다. 남이 못 하는 것까지도 할 수 있을 때 더욱 당당해졌다. 장애를 기억하지 않기로 했다.

　약함을 극복하려는 뼈를 깎는 노력의 결과는 힘든 장애를 넘어 앞지르기를 하는 기적 같은 체험이었고, 환희에 젖게 했다. 타이피스트가 결근하는 날이면 또 한 번 과시할 기회가 주어진다. 긴급한 타자가 필요할 때 신나게 타자를 하면 동료들의 박수를 받으며 부러움을 사기도 했다. 내 인생길에 장애의 늪을 헤쳐 나온 눈물 어린 과정은 나만 아는 아픔이다.

찬바람이 부는 겨울이 오면 다친 손이 새파랗게 변하면서 몹시도 시렸다. 엄마의 손은 순환제요 치료제였다. 더운 수건으로 찜질을 하며 잠들기까지 훑어주고 마사지하는 것이 엄마의 일과였다.

기적을 가져다준 엄마의 열심은 오늘도 워드를 치는 손 위에서 머문다. 딸을 꿋꿋하게 세우려는 그 값진 대가는 얼마이며 그 무게는 얼마만큼일까. 가늠할 수 없는 엄마의 간절하고도 굽히지 않는 헌신의 기준을 잴 수가 없다.

숨길 것도 없는 늦은 나이에 내 흉을 보여주고 부실한 부분을 드러내어도 부끄럽지 않다. 고달픔을 승화시키면 여유 있는 삶이 되는 이치를 알게 되어서이다.

자판을 오타 없이 양손으로 두드린다. 동강 나서 어줍은 하나가 건강한 아홉과 나란히 사이좋게 움직인다. 신기한 기적은 오타가 없다.

기적의 앞잡이인 오른손 검지야, 너의 힘은 나의 힘이다. 사랑한다.

예순의 길목

예순을 넘어오던 길목이 인생의 반등을 가져왔다. 남편이 퇴직을 했다. 무직자는 남편인데 나까지 한가해졌다. 남편 수발 드는 것이 전부였는데 남아도는 시간이 무섭도록 싫었다.

아침 조반 준비를 시작으로 하얀 와이셔츠 대령하는 일에서부터 구두 손질에 이르기까지 분주한 아침 시간은 수십 년 동안 해온 내 일이었건만 무상 급여인 직업이요 알아주지도 않는 값없는 봉사였다. 저녁이면 밥상 차려놓고 두루미목처럼 목을 빼고 기다리던 일도 없어졌다. 나다닐 일도 없다. 하루해가 모자랄 만큼 숨 가쁘게 살아왔던 일상이 순식간에 사라졌다.

수십 년 동안의 뒷바라지는 맞벌이였던가, 요즈음 말하는 재택근무였나. 남편 혼자 벌어서 식구들 먹여 살린 것이 아닌 것이다. 내조가 아니라 당당한 후견인이며 따져보면 앞에 나서서 일한 사람과 이름 없이 빛도 없이 집에서 일한 사람의 차이일 뿐 공동 월급쟁이였다. 분주한 일들이 없어지고 하루아침에 두 사람은 무위

도식하는 태평을 누리는 예순 살이 되어 있었다.

여행도 늦잠도 한두 달에 싫증이 나고 시들해졌다. 일을 찾다가 자전거를 배웠고 수영을 시작했다. 오전에는 수영장에서, 오후에는 자전거를 타고 5킬로미터 공원을 돌고 또 돌았다. 제법 재미있는 여유를 즐기고 있었다.

책장을 정리하다가 큰 상자가 눈에 들어왔다. 아이들이 글을 깨칠 무렵부터 엄마와 주고받은 편지와 쪽지가 상자에 가득하다. 30여 년 가까이 모아 온 것을 버리기는 아까웠다. 풀어 헤쳐 보니 버릴 물건이 아니었다. 아이들 도시락 싸주며 반찬이 부실할 때 써넣은 미안한 엄마의 마음도 오롯이 들어 있고 외갓집에 간 엄마를 기다리는 딸의 기다림도 거기에 있다. 한참을 읽으니 눈물이고 웃음이다.

예순이라는 특별한 해에 책으로 묶어 보면 어떨까. 우리 집의 역사가 될 것 같기도 했다. 우선 일이 생겨서 좋았다.

아이들의 나이를 따라 순서대로 가르고 아들이 쓴 것과 딸이 쓴 것을 구분했다. 내가 쓴 편지가 더 많은 것은 아이들 둘에게 보낸 답글의 양이 더 많기 때문이다. 분류해서 구분 지은 묶음이 방에 그득하다. 글에 어울리는 사진을 곁들이면 의미와 해석을 첨가하는 효과를 얻을 것 같아서, 편지에 버금가는 사진을 고르는 작업은 남편한테 맡겼다. 오랜만에 편지를 보며 젊은 날의 기억을 되살리다가 하이파이브를 치며 시간 가는 줄 몰랐다.

남편 퇴임 후 수개월에 걸쳐 책을 내는 일에 매달릴 수 있어서 우리 내외는 참 행복했다. 타자를 치고 사진을 배치할 페이지를 구성하면서 시간 가는 줄 모르고 일에 집중했다. 예순을 넘기는 길목에 새로운 이정표를 세우는 작업은, 잊고 지낸 우리의 옛 모습을 찾게 해 주었다.

육 개월 만에 태어난 것이 『편지에 채워진 행복 이야기』다. 그 안에 우리 식구들의 사랑이 있었으며 키를 재어 보지 않아도 해마다 자라는 아이들의 모습이 거기 있었다.

우리가 살아오는 동안 옆에서 지켜보신 목사님이 서문을 써 주셨고 교회 성도들의 성원은 놀라웠다. 국민일보 문화면 한 페이지를 할애한 "믿음 사랑 섬김이 만든 화목 3중주"의 제목이 안겨준 효과는 4쇄를 기록하는 독자를 얻기도 했다.

무엇보다 이 책을 읽으신 수필가 향산 선생님은 이유도 설명도 없이 나를 산영재 선생님 문하로 끌고 가셨다.

젊은 날에 중단한 글에 대한 미련을 알기라도 하신 듯 강한 손에 끌려 망아지처럼 따라갔다. 수필은 정신의 회복이며 새로운 신천지였다. 가슴속에 박힌 문학에 대한 아픔의 옹이까지 수필이라는 선약으로 치료하였으니 수필을 만나 새로운 인생이 시작되었다.

문학을 그리는 갈증과 꿈을 회복하면서 예순의 고개는 새로운 생명을 부여한 참 착한 길목이 되었고 글을 쓰는 무한한 시간은 바쁘게 살아가는 여자로 살 수 있게 해 주었다.

글이 마음이고 행동이고 모습이듯이 공허하고 허전한 마음을 채워주는 수필은 나의 참 벗이요 나답게 살게 하는 스승이다.
 늦은 시간까지 수필의 맥을 찾고 있을 때 가장 정직한 나를 발견한다. 거기엔 성찰이 있고 정당하고 바른 교훈이 나를 기다리며 붙들어 준다. 내 인생의 분수령인 예순의 길목이 준 선물이다.
 내 마음을 숨기지 않고 더 따뜻한 가슴으로 글을 쓰는 것이 행복의 바탕이다. 시대의 변화만큼 행복의 개념이 바뀐다고 해도 나를 지배하는 긍정의 힘은 작은 글에서 얻어진 큰 기쁨이다.

승자와 패자

부부싸움은 지는 것이 이기는 것이다. 진즉에 알았어야 할 이치를 이제야 깨달았으니 똑똑한 바보다. 목소리 작은 사람이 큰소리 치는 사람을 이긴다는 것도 역설 같지만 정답이다.

우리 집은 사소한 일에 종종 목소리로 힘겨루기를 한다. 담장을 넘는 것은 항상 내 목소리고, 조곤조곤 나한테만 들리는 것은 남편의 목소리다. 아옹다옹 닭싸움하듯이 기를 세우고 한바탕 쟁론이 오갈 때마다 당연히 이기는 편은 나였다. 승패를 가릴 것도 없이 백전백승, 이겨놓고 싸우는 전쟁이다.

득도 없고 에너지만 낭비하는 자존심 경쟁 같은 부부싸움에서 반복하여 이용하는 무기가 있다. 남편을 만나 밑지고 손해 보며 살아왔다는 피해의식과 동등한 계급에 서고 싶은 열등감, 전세戰勢가 불리하면 지나간 일 들먹거리며 흠집 내기로 마무리 짓는 아내를 무슨 재주로 상대하겠는가.

집안일에 부대낄 때 다툼이 시작이다. 청소하려다 보면 책상 위에 너절하게 흩어놓은 파지 같은 나부랭이들이 거슬린다. 끼니때마다 부르기 전에 식탁 앞에 앉아 주는 것도 수고한 아내에 대한 최소한의 예의 아닌가. 대접받아야 할 나이의 아내가 상 차려 놓고 대령을 기다리는 초라한 모습, 자고 난 자리 정리 정돈해 주면 탈이라도 나는지 그대에겐 예사롭지만 화禍를 자초하는 원인 제공으로 충분하다.

폭발 직전엔 숨이 찬다. 청소하며 구시렁거리고, 조석으로 상 차려 놓고 기다리며 어이없어 토라지고, 청소에 빨래에 찬거리 사러 동분서주하는 초라한 인생이라는 생각이 들 때마다 자신의 존재 가치를 따지며 내 모습은 이것이 아닌데 싶을 때 슬프다.

다투고 나서 먼저 말을 하면 지는 것이라고 생각했다. 한 집안에 그것도 단둘이 살면서 상종도 하지 않고 밤을 새우며 밥때가 되어도 꿈쩍도 하지 않는다. 출입은 단절되고 독방에서 버티는 것이 상대를 굴복시키는 전략의 순서다.

만만한 것도 남편이고 조심스러운 관계도 남편이다. 화해의 손을 펴는 쪽은 항상 남편이다. 다독거려 주면 못 이기는 척 받아 주면서도 나의 정당성과 옳다는 생각에는 변함이 없었다. 그는 반드시 반성해야 하고 속죄받아야 할 상대라고 생각했다.

늦은 나이에 철이 들었다. 먼저 용서를 구하는 자가 승자임을 깨닫게 한 것은 세월이 준 상급이다. 포용할 힘을 가졌거나 용기 있는 자가 할 수 있는 아름다운 덕목이 지는 것임을 깨달았다. 남편은 젊은 날부터 사소한 일에도 이기려고 악을 쓰는 못난 여자 좀생이로 파악하고 있었음이 분명하다.

보호자요 지배자이며 책임감과 집안의 화목을 위해 지는 용기를 가졌던 남편이었다. 항상 먼저 손 내밀어 토닥거려 주었던 넓은 아량은 다스리는 자의 자세이고 힘 있는 자의 도리였음을 알고 나니 새삼스럽게 군자로 보인다.

가정은 천국의 그림자라고 하는데 천국을 만드는 것은 내 몫이 아니던가. 하나님이 사람을 만들 때 남자는 흙으로 여자는 남자의 갈비뼈로 만들었다. 본차이나인 여자가 그래서 강한가 보다. 이제 이기지 말자. 여자를 향한 "나의 뼈 중에 뼈요 살 중에 살이라."는 아담의 고백처럼 여자는 소중하고 근사한 존재다. 이제 이기는 위치에서 지는 자리로 옮겨 앉자.

남편 방 책상 위에는 한 뼘의 공간도 없다. 너절하게 스크랩한 것들이 쌓여 있다. 자욱한 먼지를 이고 있어 청소하려고 해도 틈새가 없다. 정갈하고 단순하게 치우고 살자고 여러 차례 애원해 보건만 헛수고였다. 어디에 쓰이든 유익한 자료라는 것이 내 눈에는 파지破紙로 보인다. 이젠 이런 일로 마음 다치지 말고 지혜롭게 처신하기로 했다.

남편이 외출한 틈을 타서 모험을 각오하고 책상 위를 깔끔하게 치워버렸다. 청소 바구니로 하나 가득이다. 벼락이 떨어지면 묵언으로 답하리라.

훤한 책상 위를 보며 얼굴색이 변할 남편의 얼굴을 쳐다보지 않았다. 불어닥칠 폭풍을 예상하고 골방에서 숨을 죽였다. 점심시간이 한참 지났다. 오도카니 혼자 있는 내 방에 오더니 "시원하지? 밥 먹으러 가자." 어깨를 툭툭 친다. 폭풍을 기다렸는데 산들바람이다. 역시 그는 넓고 후하다.

언제였던가. "기운이 있어야 큰소리도 나오는데"당신 소리칠 때 보면 건강해 보여서 마음이 놓인다." 어록이 따로 없다..누가 이 말을 할 수 있을까. 훤히 내 속을 들여다보는 것 같다.

아집에 매여 스스로 학대하며 피해의식에 갇혀 있는 아내를 이해하고 못 이기는 척 고개 숙인 그는 멋진 바보였다. 뱃속만 따뜻해도 100세를 산다는데 마음을 따뜻하게 해주는 아내가 되자. 부부를 배우자라고 한다. 서로가 배우며 산다는 뜻으로 해석을 해보면 어떨까.

그는 장미 다발이고 한갓 들러리에 지나지 않는 안개꽃 같은 존재면 어떤가. 그는 승자요 나는 패자였다.

아들에게 쓴 편지

아버지는 훈이,
엄마는 짱이,
할머니는 훈짱,
삼촌은 땡꾸라고 부르던 아들이
환갑이라니 엄마가 참 오래 살았다.
감사한 것은 정신이 말짱해서
아들 환갑에 글을 쓰다니 꿈만 같다.

나에게는 네가 희망이었고 살아갈 힘이었다.
힘들 때마다 특히 믿지 않는 가족들의 갈등 속에
네가 있어 견디었고 버틸 수 있었다.

믿음도 생활도 우리 가정이 살아온 대로
선한 일에 앞서고 내가 손해보고 남을 이롭게 하며

선하고 정직하여 하나님의 축복을 받고 살아가니 여한이 없다.

공무원인 아버지 밑에서 늘 어렵게 살았지만
아버지 옷이나 양말을 줄여 입혀도 단 한 번도 마다하지 않던
우리 아들,
번듯한 과외 한 번 못 시키고 새벽에 종로학원 갔다가
학교로 가면서도 불평 한 번 하지 않던 아들,
용돈 달라고 한 적도 없었고 어쩌다 몇 푼 주면 지갑 안에 그냥 있고
너희들이 한 번도 불평 없이 엄마를 이해하고 따라 주어서
항상 고마웠다.

아브라함처럼 양보하고 요셉처럼 정직하여
올바르게 사는 것을 귀히 보신 하나님이
축복으로 영특하고 알뜰한 은경이를 돕는 배필로 주시어
온유와 선유가 태어나서 우리에게 기쁨을 더하니
하나님의 은혜가 한량없다.
"너는 복의 근원이 될지라. 너를 축복하는 자에게는 내가 복을 내리고 너를 저주하는 자에게는 내가 저주하리니 땅의 모든 족속이 너로 인하여 복을 얻을 것이니라." (창 12:2~3)
마치 우리 가정에 약속한 말씀처럼 마음에 새기며 살아왔다.

이 성경 구절을 너를 위해 기도할 적마다 외우는 것은 우리 집의 복은 너로 인하여 왔기 때문이다.

나의 카카오톡에도 너 이름은 "복의 근원"이다.

네가 가르치는 제자들이 복을 받을 것이고 네가 계획하는 일들을 하나님이 아시고 이끄심을 믿어라.

기도의 열매는 응답이다. 하나님이 무소부재無所不在 하시지만 하나님도 바쁘시다. 응답을 얻으려면 시간을 정하고 기도하는 것이 하나님의 편의를 위해서도 좋은 것 같다.

너의 60년 생활을 돌아보면 아득하겠지만 앞으로 40년을 준비하면서
성도들이 인정하는 참 진실한 장로가 되기 바란다.
존경받는 스승이요 믿음직한 아버지, 사랑받는 남편으로 살기 바란다.

회갑을 축하한다.

정지훈 장로의 어머니 함순자 쓰다.

이별

 운전면허증을 반납했다. 주민센터 담당 직원이 "운전을 오래하셨네요. 불편하지 않겠습니까. 포기하면 되돌릴 수 없습니다. 한 번 더 생각해 보시고 결정하십시오." 면허증을 들고 내 눈치를 살피며 만지작거린다. 처분만 기다리는 자세로 멍하니 앉아 있었다. 대답 없는 것이 대답으로 들렸는지 십만 원권 현금카드를 쥐여준다. "이게 뭔데요?" "그냥 드리는 겁니다."
 나이도 먹을 만큼 먹었고 교통사고 위험을 줄여주는 보답인지 위로금으로 주는 것인가 생각하며 나서는데 가슴에 쿵 하는 소리가 들린다. 놀랄 때 간혹 일어나는 통증이다. 누가 권하거나 떠다밀어 포기한 것도 아니건만 감추어 두고 한 번씩 꺼내 보던 보석을 헐값에 넘겨버린 것처럼 서운하다. 두통이 오면서 어지럽다. 몸 안에 약한 부위가 현기증으로 나타난다.
 어지럼증이 심해서 오랫동안 병원 신세를 진 후부터 조심하며 지낸다. 정확한 병명은 〈전정기관 바이러스〉다. 주치의가 가장 위험한 것이 운전이라는 경고를 내린 지 수년이 지났다.

 장거리는 못 하지만 가까운 마켓이나 닷새마다 서는 일산 장날이면 심심찮게 나들이를 다닌다. 면허증 갱신 기간이 되면 어김없이 적성검사도 받으면서 운전을 포기하지 않고 지내왔다.

 언젠가는 가고 싶은 곳을 훨훨 달릴 것이라는 나만의 희망을 품고 있었고, 급하게 움직여야 할 때 수월하고 더없이 편하게 동행하는 일심동체다.

 면허증은 주민등록증을 대신하는 제2의 나의 모습이고 자동차는 젊어 한때는 삶의 활력이었고 나이를 초월하는 품격의 도구였다. 마음만 먹으면 어디든지 떠나는 자유와 해방을 같이 누리는 반려였고 내가 가자는 대로 반항하지 않는 충직한 부하였으며 세상에 태어나 내 소유로 등록된 유일한 동산動産이기도 하다.

 운전면허시험에 합격하던 날은 하늘을 날고 싶을 만큼 생애 최고의 날이었다. 운전면허시험장이 있는 노원역에서 집으로 오는 지하철을 탔다. 운전시험에 합격했다고 자랑하고 싶은데 아는 이가 보이지 않는다.

 낯선 남자가 옆자리에 앉았다. 그분의 손에는 면허 시험 문답집이 돌돌 말린 채 들려 있었다. 용기를 내어 면허 시험장 다녀오느냐고 물었다. 그렇다고 고개를 끄덕이는 그를 향해 "저는요 필기와 실기 한 번에 오늘 합격했어요." 묻지도 않는 말을 하면서도 부끄러운 줄도 몰랐다. "2종이지요? 저는 1종 합격했습니다." 철없는

40대 여자인 나는 자리를 옮겨 앉았다.

　가족은 다르다. 그날 우리 집은 남편이 일찍 퇴근하여 아들딸 네 식구가 외식도 하며 장한 엄마를 위해 케이크에 촛불 켜고 손뼉 치며 축하해 주었다.

　네 번의 차를 바꾸었다. 마지막 차의 번호가 하필이면 1000번이었다. 길을 가면 요소마다 서 있는 경찰들이 무조건 경례한다. 기관장들의 자동차 번호는 대개 특별한 숫자임을 그때 알았다. 그런 번호가 내게 주어진 것은 정말 우연이다. 순서대로 내려가다가 걸려든 행운이지만 때로는 생각지도 못한 예우를 받을 때에는 난처하기도 했다.

　남산에 있는 적십자사에서 봉사를 끝내고 퇴계로를 지나 신세계 옆길을 따라 내려오면 태평로로 진입한다. 멀리 광화문이 보인다. 우리나라에서 가장 넓은 대로라고 생각하는 길이다. 시청 앞, 지금은 잔디 광장으로 로터리가 되었지만 그때는 오거리였다.

　차량이 많아 느리게 움직인다. 천천히 앞차만 보고 따라가고 있는데 빨간 신호가 들어왔다. 이럴 땐 그냥 앞차를 쫓아가야 하는 것이 정도正道다. 왕초보가 태평로 한복판에서 브레이크를 밟고 오거리 중앙에 섰다. 빨간 신호는 무조건 서야 한다는 무지의 상식은 지금 생각해도 얼굴이 뜨겁다. 앞뒤 좌우 둘러보니 내 차만 가운데 오도카니 서 있다. 교통순경이 호루라기를 불며 달려온다. 운전대를 잡고 눈을 감았다. 후진하라는 소리는 들리는데 무서워 꼼짝할 수가 없다. 가로질러 가려던 차들은 모두 우선멈춤이다. 뒤로 빼려고 하니 떨려서 후진도 어렵다.

착하고 고마운 대한민국의 운전자들은 초보를 탓하지 않았고 모두 나를 이해하고 용서하는 천사들이었다. 심쿵을 넘어 떨리는 가슴은 산산조각 박살이 났던 초보 시절이었다.

운전하는 동안 거듭된 실수는 경험의 이력을 쌓았고 수없는 시행착오는 안정을 키워 주어서 무사고의 공을 세웠지만 훈장은 없다.

1000번과 이별하던 날, 차를 가져가는 분이 마지막으로 이별 운전 한번 하라고 권했지만 고마운 친구여 잘 가거라, 인사하고 돌아섰다.

자동차도 보내고 면허증도 반납했다. 그가 없는 세상이 조금은 불편하겠지만 새로운 대책을 세워서 길들여 가며 살아갈 것이다. 와서는 가고 잡으면 놓아야 하는 것이 인생길이다. 이별은 다른 만남의 시작이고 여백은 채우려고 준비된 공간이 아니겠는가.

자동차를 보낸 빈자리에 봄날의 바람처럼 무엇이 찾아와서 허전한 가슴을 설레게 하고 달래 줄 것인지 기다려진다.

3

전쟁

전쟁
할끼
김치국수
나를 길들이기
아빠의 청춘
바이러스
일타쌍피─打雙皮
바람[風]은 바람[所願]이었다
할머니
응원의 글

전쟁

　비가 와도 눈이 내려도 날씨와는 상관없이 공원길을 걷는다. '걸어야 산다'는 다짐은 나를 향한 명령이고 또한 약속이었다.
　사슴처럼 잘 뛰어다니던 다리가 4년 전 요절撓折이 났다. 부서진 뼈의 조각들을 이어 맞춘 지 1년 만에 겨우 걷기는 하였지만 조금 걷다가 주저앉기를 반복했다. 시도 때도 없이 전류電流가 흐르는 듯 경련을 일으키는 다리의 통증은 버티려는 의지마저 앗아갔다. 추위에 떨고 있는 버들가지처럼 앙상한 다리를 보며 나답게 걸을 수 있을까 생각했다.
　의사와 상의 끝에 재수술했다. 뼈들을 고정하려고 얽어매어 놓은 요철과 못들을 제거했다. 아픈 고통은 접어 두고라도 겹으로 두드러진 수술 자국은 기어가는 지네의 그림 같아 볼수록 몸서리가 쳐진다.
　걷는 연습 외에는 다른 처방이 없으며 더 이상 수술은 못 한다고 했다. 다리에 힘을 키워주지 않으면 영원히 걷지 못할 수도 있다,

걷고 못 걷는 것은 환자의 노력에 달렸다는 주치의의 말은 풀기 어려운 수학문제처럼 들렸다.

움직이지 못한다면 녹슬어 버릴 소망 한 조각, 내 손길을 필요로 하는 보석 같은 아이들이 떠올랐다. 작은 걸음이지만 걷기 전쟁에 생명을 다하기로 작정하고 전투에 돌입했다.

나의 의지意志가 무너지지 않고 어디까지 버틸 수 있을지, 걷기 전쟁에 실패하여 도로무익徒勞無益이 된다고 해도 지금보다 가혹한 징계는 더 없지 않겠는가. 싸워 보지도 않은 채 포기하고 물러서면 억울한 패배요 부끄러운 낙오자가 되는 것이다.

늘 바라보고만 지냈던 집 앞의 공원이 가까이 다가선다. 나를 위해 준비된 훈련장을 눈앞에 두고도 고맙게 느껴 본 적이 없었다. 사시사철 꽃이 피고 지고, 겨울이면 눈꽃이 더 아름다운 공원은 건강을 지켜줄 보루堡壘요, 숲속에서 들리는 새들의 소리와 물안개 피어오르는 호수는 나를 지켜 줄 요새要塞라는 생각을 했다.

공원의 둘레는 약 5킬로미터, 건강한 사람이 한 시간 정도 걷기에 알맞은 거리다. 집에서 출발하는 거리를 보태면 6킬로미터쯤 된다. 약한 다리를 단련시킬 전쟁터에서 "걸어야 산다."라는 깃발을 가슴판에 세웠다.

새벽에 눈을 뜨면 날씨가 춥든 덥든 상관하지 않았다. 해 뜨기 전 사람의 왕래가 뜸한 시간을 정한 것은 부자유한 걸음걸이를 보이기 싫어서다. 공원길로 들어선다. 전쟁의 시작이다. 첫걸음이 쉬울 수는 없지만, 자국마다 힘겹다. 가다가 쉬고 쉬다가 걷지만 주저앉지는 않는다는 원칙을 세웠다.

기운차게 걸었던 때가 있었던가. 의지의 발판이 무너지려고 하면 천 리 길도 한 걸음부터라고 마음으로 소리를 질렀다. 멀찌감치 뒤에서 빈 휠체어를 밀고 남편이 따라오고 있다. 혹시 넘어지면 달랑 들어 태워서 밀고 갈 태세다. 나를 주목하는 긴장된 얼굴은 마치 경호원 같아 보인다.

투구 대신 벙거지를 눌러쓰고 갑옷 대신 땀을 흡수할 간편한 옷으로 무장을 했다. 짊어진 멜빵가방 속의 작은 물병 하나는 목마름을 위한 것이지만 걸을 때 몸의 균형을 잡아주는 방패막이다.

전쟁에 가장 필요한 무기는 심신心身이다. 전쟁을 겁내거나 몸을 사리면 패전敗戰이며 전진만이 이길 수 있는 무기다. 앞으로 남은 인생 마지막 도전이다. 머뭇거림을 용납하는 것은 패배하는 전쟁이다.

한 걸음 또 한 걸음 전진하다가 심호흡을 반복한다. 한 시간의 전투였지만 1킬로미터도 진행이 어려웠다. 스스로를 복종시키는 악당이 되어 지치면서 걸었다. 저녁이면 죽은 듯이 잠이 들었다. 꿈에서도 걷는다.

걸음 수가 아주 조금씩 늘어갔다. 승리할 수 있겠다는 예감이 들었다. 채찍을 든 용장勇將이 되고 싶어 악을 쓰면서 진격을 거듭했다. 한 시간에 1킬로미터 목표를 달성하던 날, 우리 아이들은 파티를 준비하고 있었다. 다음 목표는 한 시간에 2킬로미터 도전이다. 나의 적敵은 시간이고 시간을 정복하는 것이 걸음이다. 한 시간에 2킬로미터 목표를 완주한 뒤 승리할 수 있겠다는 자신감이 생겼다.

가시처럼 자주 괴롭히던 환부의 통증도 힘이 잦아든 패잔병처럼 횟수가 줄어들어 갔다. 쿠데타가 성공하면 왕좌를 차지하는 것이 역사의 흐름이다. 나를 이기려고 품었던 깃발, "걸어야 산다." 이 구호口呼가 전쟁의 선포였고 나를 향한 쿠데타였다. 마음 한복판에 세운 깃발이 펄럭이는지 승리의 개가凱歌가 들려오는 듯 가슴이 두근거린다.

한 발짝 옮기기도 힘겨웠던 4년 전, 다리가 흔들릴 때 마음도 흔들렸던 우울한 시간도 지나갔다. 전쟁을 선포하듯 걷기를 강행한 나의 배후의 세력은 보이지 않는 전능자의 손길이었고 그분을 신뢰하며 살아온 나의 한 가닥 실낱같은 믿음이기도 하다.

비 내리는 조용한 아침, 3년이 지났지만 무장을 해제하지 않은 채 공원길을 걷는다. 5킬로미터를 걸어도 가뿐하다. 만보기를 본다. 한 시간이 지났는데 육천 보를 넘기고 있다.

전쟁을 선포한 후 싸움에서 승리한 고마운 다리를 만져본다. 나는 채찍만 들었을 뿐인데 후퇴하지 않고 전진한 다리에 승리의 훈장을 주고 싶다.

할끼

　손녀가 내 눈에는 천하일색 양귀비다. 아니 클레오파트라다. 꽃이 제아무리 고운들 이 녀석보다 더 고울까. 콩깍지로 덮여 분별력을 잃은 안목이라고 하여도 상관하지 않는다.
　수양버들 가지를 살며시 잡고 댕기 내린 갸름한 미인, 화가가 그린 미인도에서 본 그 얼굴과 흡사하다. 외모뿐일까. 고운 마음씨까지 내 눈에는 평범한 인물로 보이지 않는다.
　"누구 앞에서 자존심 상할 일도 훼방 받을 일도 없는데 너 때문에 기죽는다."라고 결혼한 딸을 닦달하기 8년이 지날 무렵, 손녀가 태어났다. 맺혔던 한이 풀리고 나의 자존감을 회복시켜 주었다. 기다림의 세월은 보이지 않는 콩깍지를 만들었는지 내 눈에는 보기 드문 미인이 탄생하였다.
　배 속에서 자라는 동안 부디 할아버지 닮은 녀석이 태어나게 해 달라고 식구들이 듣는 데서 공개적으로 기도를 드렸다. 한더위가 기승을 부리던 무더운 7월에 태어난 아기는 할아버지를 빼낸 것처럼 닮았다. 기도의 응답에 천하를 얻은 감격이었다.

엄마 아빠를 제쳐두고 왜 하필 할아버지 닮기를 바라느냐고 질문을 한다. "우리 집안에 잘생긴 인물 꼽으라면 아버지잖아요." 딸의 명쾌한 답이 증인의 말처럼 들렸다. 사랑은 눈에 콩깍지를 씌우는가. 내 눈에 콩깍지는 남편을 만나면서 이미 시작되었는지도 모른다.

누가 보아도 남편과 나는 인물로는 비교 불가결이다. 지금이야 검버섯도 피고 주름이 골을 이루었지만 곱고 참한 남자였다. 친구들이 그 남자와 해로하려거든 정신 똑바로 차리고 매일 미장원에서 다듬어야 본전일 거라고 충고하기도 했다. 자신 있게 말하지만 그가 내게 목매었지 내가 목매지는 않았다. 지금도 시시때때로 그가 고백하는 것은 나를 선택한 것은 행운이고 하늘의 은총이라고 하지 않는가.

손녀는 겉보다 속이 더 아름답다. 마음 씀씀이가 착하기 그지없다. 중학생일 때 정신연령이 모자라는 친구와 같은 반이 되었다. 선생님이 짝을 정하는데 그 친구와 짝이 될까 봐 모두들 긴장하고 있었다. 손녀 생각에는 어쩐지 자기와 짝이 될 것 같은 느낌이 들었다. 직감이 맞아 손녀의 짝이 되었다. 항상 손잡아주고 흘리면 훔쳐주고 점심시간이면 식당에서 같이 먹고 나누어 가지며 말동무가 되어주니 손녀의 손을 놓지 않고 따르는 것이다. 손녀는 그 친구의 믿을 만한 보호자였다.

반장선거에서 26명 중에 24표가 나와서 우리 아이가 반장이 되었다. 어눌한 표현으로 손녀의 이름을 외치며 엄지를 들고 앞장을 선다. 우리 반 반장은 아무개라고 선동하며 단상에서 소리친 짝꿍의 유세는 적중했다. 어려운 친구를 돌보는 고운 마음을 가진 참 예쁜 아이의 승리였다.

아이가 일곱 살 때 무지갯빛 목걸이를 내 목에 걸어 주었다. 할머니는 왜 목걸이가 없느냐고 물어본 며칠 후였다. 제 엄마도 모르게 사 왔다고 했다. 장난감 목걸이지만 마음먹고 사 온 것이 분명했다. 손녀가 우리 집에 오는 날은 나는 광대처럼 목걸이를 하고 있었다. 손녀가 환하게 웃었다. 목걸이를 한 적이 없는 할머니가 마음에 걸렸을까. 그 사랑이 얼마나 크고 놀라운지 지금도 잘 보이는 유리장 안에 놓아두고 손녀의 사랑을 본다.

가족이 모여 외식을 하는 날이면 반드시 할아버지 곁에 손녀가 앉는다. 예사로 생각했고 우연인 줄 알았다. 철이 들어가는 손녀의 계획적인 자리 맞춤인 것을 몰랐다. 계산하려고 할아버지가 일어서면 할아버지 손을 붙들고 자리에 앉히며 하는 말이 "할아버지 그러시면 안 됩니다." 아이의 생각이라고 할 수 있겠는가. 할아버지가 다른 볼일로 일어서면 따라가서 지키고 서 있다. 어른은 대접을 받아야 하고 엄마 아빠는 마땅히 대접하는 것이 원칙이라는 생각을 가진 아이는 나에게 깊은 교훈을 준다. 아름답고 선한 것 중에 어느 것이 우선일까. 선한 마음이 아름다움을 만들어 내는 것임을 배운다.

고등학생이 되더니 수준이 달라졌다. 우리 집에 오면 이 구석 저

구석 돌아본다. 할머니 화장대도 둘러보고 필요한 것이 무엇인지 기억해 두었다가 생일이나 결혼기념일이면 지갑이나 핸드백, 화장품, 소품들을 채워 놓는다. 무엇이든 건성으로 하지 않고 옳고 그릇됨을 결정하는 기준이 서 있는 손녀는 내가 가진 것 중에 가장 값진 보물이다.

나들잇길에 아이들 집에 갔었다. 학교에서 돌아온 손녀가 혼자 있었다. 점심때라 식당에서 밥을 사서 먹였다. 나중에 들으니 컵라면을 막 먹으려는데 할머니가 들어오더란다. 순간 할머니가 컵라면 먹는 것을 알면 마음 아프실 것 같아 얼른 감추었다고 했다. 배고플 때 흔히 먹을 수 있는 라면을 할머니의 마음마저 헤아리는 속이 하해같이 깊은 아이다.

올해 대학생이 되었다. 손녀를 '할끼'라고 부른다. 우리들만 부르는 이름이다. 말을 시작할 무렵, "누구 새끼?" 하면 "할머니 새끼." 하고 대답을 했다. 철이 들면서 말을 줄여서 할끼라고 했다.

캠퍼스에 만개한 벚꽃을 보면서도 할머니를 기억하는 예쁜 할끼가 사진을 찍어 카톡으로 보내왔다. "벚꽃이 너무 예뻐 할미한테 보냅니다." "제아무리 꽃이 예쁘다고 한들 할끼만큼 예쁠까?" 답을 적는다.

언제나 내 마음에 느낌표를 주는 손녀가 먼저 용서를 구할 줄 아는 용기 있는 사람, 욕심보다 양보할 줄 아는 힘 있는 사람으로 자라 주기를 기도한다.

김치국수

 입맛을 잃은 데다 잔기침이 자주 난다. 역병의 기습으로 독방 신세가 되었다. 어지럽고 현기증이 심하다. 날씨마저 흐리고 스산하다. 내 주위에는 아무도 얼씬도 하지 않는다. 방문 앞에 놓아둔 음식은 쳐다보기도 싫다.
 따끈한 김칫국에 국수를 말아서 한 대접 먹으면 입맛도 돌아올 것 같고 힘이 날 것 같은데 해 줄 사람이 곁에 없다.
 국수 생각을 하니 포장마차에서 국수를 먹다가 남편한테 들킨 일이 생각난다. 서른을 갓 넘긴 때인 것 같다.
 남편 사무실이 을지로 명동 입구에 있을 때이다. 퇴근하는 6시에 사무실 앞에서 만나 같이 집으로 가기로 약속했다. 한 시간이 넘어도 오지 않는 사람을 기다리고 있는데 건너편 포장마차 화덕 위에 김이 솔솔 나는 솥이 걸려 있고 채반에 국수 타래가 담겨 있다.
 배도 고프고 춥기도 하다. 추위를 이길 수 있는 뜨끈한 국수 한 그릇, 가난한 자의 음식 같지만 언 몸을 녹여 주는 데 이만한 것이 없다. 기다리는 사이 국수를 맛있게 먹고 있는데 남편이 나타났다. 사람들이 들끓는 명동 길거리에서 품위 없이 국수 먹는다고 눈총이 날아올까 얼른 젓가락을 놓고 일어섰다. "배고팠어?" 하더니 국숫값을 치러주며 마저 먹으라고 한다. 기대하지 않았던 멋진 배려에 눈물이 날 만큼 고마웠다. 집으로 오는 길에도 내내 부끄럽고 미안해서 눈치만 살폈다.

국수는 내게 물리지 않는, 뜨거워서 시원한 한 끼의 양식이다. 겨울이면 김치 국수, 여름이면 콩국수를 해 주시던 엄마한테 배운 대로 볶은 멸치에 양파와 다시마, 무를 넣고 우려낸 육수는 우리 집 레시피의 기본으로 준비되어 있다. 어떤 찌개나 국물에도 배합되는 초이스다.

김치는 갖은양념의 총 집합체이다. 육수에 김치를 잘게 썰어 넣고 양념 국물 한 쪽을 듬뿍 떠서 넣어 주면 얼추 간이 맞다. 맑은국보다 김칫국물 한 쪽이 발그레하게 우러난 국물이 감칠맛을 더한다. 김치만 들어가면 다른 양념이 필요 없는 것이 김칫국이다. 살짝 아작거리는 김치에 간간하고 얼큰한 국물은 고깃국물과 비교도 되지 않는다. 이 천상의 맛에 국수를 말면 아름다운 궁합이고 음미할수록 이보다 더 잘 맞는 단짝은 없는 것 같다.

모양이나 격식을 갖추려고 고명을 얹지 않아도 파나 송송 썰어 넣고 계란 한 개 풀어 넣으면 고명이 되고, 참기름과 참깨만 뿌려

주면 천하에 비할 데 없는 맛있는 김치국수 한 그릇이 된다.

금방 해서 맛있게 먹을 수 있는 효자 한 끼는 품위를 갖춘 반상(飯床)보다 수수한 내 입맛에 간택되어 남다른 대우를 받는다. 차리고 공들이는 준비도 없이 시간 절약도 고마운데 덤으로 손맛을 탓하거나 투정할 근거도 찾을 수 없는 김치국수는 나만 즐기는 최상의 성찬이다.

하루 세끼를 국수만 먹는다 해도 마다하지 않는 나와는 다르게 밥이 보약이라는 식구가 있으니 둘만 사는 집에 아무리 손쉬운 것이라도 밥 따로 국수 따로는 귀찮은 일이다. 외식하게 되면 선택해서 먹을 수 있지만 두 가지를 겸하는 음식점이 드물다.

어쩌다가 여름 한나절 혼자 집에 있는 날은 빌어 얻은 행운의 내 세상이다. 냉장고 안에 자투리 야채와 김치를 채 치고 새콤달콤하게 참기름 듬뿍 넣고 고추장 넣어 비빔국수를 버무린다. 세상에 어떤 잔칫집에서 어떤 한식집에서 이보다 더 맛있게 할 수 있을까. 나만이 누리는 행복 중의 하나다.

국수 공장에서 일 년 내내 먹을 만큼 뽑아 온 국수를 시렁 위에 쟁여놓고 별미로 해 주시던 엄마표 국수는 유년의 향수鄕愁이며 엄마 냄새가 깃든 음식이다. 인이 박인 입맛은 변할 조짐도 없고 좀처럼 바뀔 것 같지도 않다. 혼자 즐기며 평생 살아갈 것 같다.

독방을 벗어나 나의 일터인 주방으로 돌아가는 날, 묵은지를 잘게 썰어 참기름에 달달 볶아 육수를 붓고 팔팔 끓으면 삶아둔 국수를 넣고 냄비째 식탁에 앉아 먹고 싶다. 피곤한 눈도 맑아질 것이고 입맛도 되돌리고 기침도 멎을 것이다. 따끈해서 시원한 김치국수가 눈에 어른거린다.

나를 길들이기

　우리 집 거실에는 긴 매트가 깔려있다. 청소를 위해서 잠시 걷는 외에는 그대로 뉘어져 있다. 운동을 게을리할 수 없도록 묵시적으로 압박해 주는 홈 트레이너이다. 한 시간가량 스트레칭을 하고 나면 개운하고 몸이 풀리는 느낌은 나비가 된 듯이 가볍다.

　태어날 때부터 약한 체질은 가혹하게도 잔병을 달고 살았다. 나이를 더할수록 쇠하여 가는 체력은 약과의 전쟁이었다.

　예순의 나이에 수영을 하고 자전거를 타기 시작했다. 그것은 새로운 교과서를 받아든 공부의 시작이었다. 어려운 공부에서 정답을 찾았다. 스스로 단련시키는 노력의 힘, 그 힘의 밧줄에 나를 매어놓고 끌려간다. 힘든 것이지만 복종시키기 위해 매어놓는 밧줄이었다. 나를 이기고 설 수 있었다. 약은 멀어지고, 운동의 시간이 나를 지배하여 새로운 내가 탄생한 것은 복종 덕이었다.

　지금도 하루에 6킬로 이상은 필수로 걷는다. 얼마 전만 해도 나를 앞지르는 사람은 없었다. 요즈음은 앞지르는 사람이 종종 있다.

목표의 변동은 없는데 걸음이 조금 느려진 것 같다.

2년 전 다리를 수술한 후로는 잰걸음은 아니지만 천천히라도 걸어야 산다는 것은 나와의 약속이었다. 같이 걷던 친구들이 나와 보조를 맞추려면 숨이 차다고 하던 때가 언제였을까. 내 걸음이 무디어진 것을 느끼지만 주저앉지 않는다. 그러나 1시간에 5킬로 완주 목표는 달성한다. 날이 궂은 날은 이방 저방 거실을 빙빙 돌면서 걷는다.

우등생처럼 보이고 범생이로 보이지만 나를 쳐서 복종시키는 것이 쉬운 일은 아니다. 그러나 억지로 하는 것이 아니라 쉴 틈을 주지 않고 이 시간만은 하루 일과 중 가장 우선순위에 배정한다. 건강을 위한 값진 투자다.

나를 에워싸고 있는 적들이 많다. 틈만 나면 공격해 온다. 조금만 방심하면 느슨해지는 기색을 알아차린 혈당이 기습해 오고 비만이 방해한다. 무서운 유혹이 조금 더 쉬자 좀 더 자자 하고 접근해 올 때 물리칠 대항마는 오직 운동뿐이다.

때로는 내 약점을 건드리며 나이를 생각하고 포기하라고 소곤거린다. 나이 때문에 위축된 삶을 사는 것은 자존심의 문제다. 내 주위에는 나이를 잊은 또래의 청춘들이 수두룩하다. 나이는 먹은 만큼 육신의 주름을 만들지만 맑은 정신력과 열정을 가진다면 영혼을 주름지게 할 수는 없을 것이다.

100세에 글을 쓰고 강의를 하는 교수님도 계시고, 100세에 시집을 낸 일본의 할머니도 있다. 그뿐인가, 100세에 스카이다이빙을 하며 200킬로미터 고공에서 낙하하며 멋지고 신난다는 남아프리카 공화국의 노인을 보며 용기를 얻는다. 100세에서 보면 90세는 젊고 80세는 어리다고 하지 않던가.

훨훨 바람 맞으며 걷는다. 햇빛 내려앉은 숲과 나무, 봄의 교향악이 리듬에 맞춰 울려 퍼지는 호숫가, 저 아름다운 자연과 동산을 걸으면서 단련된 다리의 힘이 나를 바르게 세워가기를 바란다. 외로움에서 벗어나게 하는 7시 아침 체조와 스트레칭은 친구들과의 우정을 이어가는 가교의 역할을 한다. 아름다운 동산을 같이 걷는 기쁨도 누린다.

노을이 비켜 가는 듯 가벼운 마음, 이것은 끈기와 노력으로 얻은 축복이고 누구의 도움 없이 시간만 투자해서 얻은 가치 있는 소득이요 자산이다.

운동이 내게 준 선물은 단잠을 예비해 주는 수면제요 달게 먹는 밥맛이고 체력을 키워준 보약이다.

후회하는 마음이 발목을 잡기 전에 두려움을 벗어던지고, 아픔이 얼마나 나를 황폐하게 하는지 알았으니 나답게 일어서야 한다. 쓰디쓴 인내가 축복으로 바뀌는 것처럼 늙음은 자연의 섭리이고 이치다. 늙음으로 오는 고통을 자연스럽게 수용하자. 현명하게 받아들이면 불편한 고통이 아니라 슬기로운 노년을 맞을 것이다.

아빠의 청춘

우리 집은 딸도 하나고 아들도 하나다. 참 공평해서 좋다. 외모에서도 딸은 아빠를 닮고 아들은 나를 닮았다. 혈액형도 딸과 아빠가 같고 아들과 엄마가 같다.

딸은 아프면서 자랐고 아들은 건강하게 자랐다. 아들은 표준 이상으로 키가 큰데 딸은 아담하다.

딸이 어릴 때 우리 집 유일한 권력자는 딸이었다. 아빠를 이길 수 있는 막강한 힘의 소유자였다. 남편은 내 말은 귀 밖으로 들어도 딸의 말에는 명령처럼 권위가 있었다. 딸이 "아빠, 오늘 일찍 들어와." 하면 특별한 일이 아니면 거역함이 없었다. 출근하는 아빠를 붙들고 같이 놀자고 떼를 쓰면 눈물로 헤어지는 서러운 이별 장면이 종종 연출되었다.

딸은 엄마보다 아빠의 품에서 새록새록 단잠을 자는 편이었다. 낮에는 남편의 훈기가 밴 잠옷을 목에 걸었다가 안았다가 덮고 누웠다가, 그러면서 아빠의 퇴근을 기다렸다. 보다 못해 목에 아빠의 사진을 걸어 주었다. 종일 사진을 쳐다보며 아이는 지냈다.

돌도 되기 전에 뇌막염을 앓은 딸아이가 정상아로 자란 것만으로도 우리 가정에 더없는 축복이고 귀하고 귀한 선물이었다.

뇌막염을 앓은 아이는 돌이 지나도 목을 가누지 못했다. 업고 다닐 수가 없어서 한 손으로 목을 받쳐주고 한 팔로 안고 병원을 다녔다. 초점이 없는 눈동자에 목에 힘이 없는 아이를 안고 간다. 스쳐 지나는 사람들이 정상아로 보이지 않는 아이를 유심히 쳐다볼 때마다 속상하고 슬펐다.

나와 남편은 생각도 다르고 보는 눈도 달랐다. 눈도 크고 예뻐서 우리 아이를 쳐다본다는 남편과 속상해하던 나는 어디서부터 기준이 달라졌을까. 목을 가누지 못해도 예쁜 내 딸로 보는 무조건적인 아빠와 객관적인 엄마의 차이점이었다.

아기가 태어나서 이름도 짓지 않았을 때다. 태어난 아기를 보려고 친지 한 분이 오셨는데 "어디 예쁜 윤정희 보자." 하며 강보를 들쳐본다. 뜻밖의 말에 "웬 윤정희?" 50년 전 우리나라 최고의 미인은 배우 윤정희였다. 딸이 태어났다고 하니까 누굴 닮았는가 아빠에게 물었던 것 같다. 남편이 윤정희만큼 예쁘다고 해서 부른 이름이었다.

갓 태어난 딸이 아빠의 눈에는 우리나라 최고의 미인으로 보인 모양이다. 딸에 관한 한 눈도 흐려지는 것이 아빠임을 딸이 태어나면서부터 알게 되었다.

아빠의 극진한 사랑에 하늘도 감동하시어 한 점 흠도 티도 없이 뇌막염에서 놓임 받고 정상아로 자란 것은 하늘의 은총이었다.

이처럼 딸 바보인 아빠도 딸을 시집보내야 했다. 함이 들어오는 날이었다. 함잡이가 "함 사시오." 소리치고 신랑 친구들이 청사초롱을 들고 동네가 떠들썩했다.

거실 한가운데 떡 시루도 마련해 놓았다. 함을 받을 혼주가 보이지 않는다. 조금 전에 딸의 댕기머리를 만져 보던 아빠는 어디에 숨었나.

골방 뒤편 화장실에서 남편이 눈물을 훔치고 있었다. 과년한 딸을 시집보내며 홀가분한 나와는 다르게 눈물 흘리는 아빠를 누가 말릴까.

여기에서 끝이 아니다. 결혼식이 오후 1시였고 2월이니 쌀쌀했다. 오전 중에 연출 사진을 촬영하러 야외로 나가는 딸을 자신의 차에 태우고 간다. 신랑이 신부를 태우러 왔건만 어디까지나 내 딸은 내가 지킨다는 주의니 할 말이 없다.

사위가 할 의무를 월권하는 아빠의 횡포가 지나치다는 말을 하고 싶었지만 혼자 생각으로 묻었다. 그뿐인가, 딸이 추울세라 한 손에는 털코트 들고 다른 손에는 더운 커피 들고 촬영하는 딸 뒤에 따라다닌 아빠의 기막힌 딸 사랑은 지금까지 화제로 남아 있다.

아빠의 지나친 모습은 끝이 보이지 않는다. 신혼여행을 떠나는 딸이 걱정되어 마음이 놓이지 않았다. 마치 늑대한테 날치기라도 당한 것처럼 날더러 공항까지만 같이 가서 떠나는 것만 보고 오자고 한다. 모르긴 해도 따라가고 싶었을지도 모른다. "여행 떠나는 데 배웅하지 않아도 신랑이 알아서 잘합니다." 내 말은 공중에 분해되고 인정 없는 엄마라는 앙심을 품은 채, 아빠는 기어이 뒤따라가서 딸을 배웅하고 돌아온 후 잠을 이루지 못했다.

말려서 되는 일도 아니고 시켜서 따를 일도 아니다. 딸에 대한 끊을 수 없는 사랑, 어떻게 키운 딸인가를 생각하면 이해가 되다가도 병으로 잃을 뻔했던 자식이라 더 애잔한 마음이려니 싶다.

딸도 예외는 아니다. 엄마가 아빠한테 소홀히 할까 봐 전전긍긍이다. 택배가 자주 온다. 대부분 아빠가 좋아하는 것들이다. 수십 년을 같이 살아도 서로의 기호는 달라지지 않는데 딸은 아빠 위주로 무엇이든 사서 보낸다. 그러나 내 필요를 아는 아들이 있어 천만다행이다. 편을 가르는 것은 아니지만 따져보면 무승부다. 손해는 없다.

아빠의 사랑 안에서 자란 예쁜 딸도 쉰 살이 넘었다. 엄마의 눈에는 약하기만 해서 마음이 아프다.

사위한테 우스개지만 진정이 담긴 말을 건넨다. "함량 미달인 아이 잘 살펴 주게." 나의 말에 대답이 멋지다. "아닙니다. 유통기한이 많이 남았습니다."

잘 자라준 내 딸이 고맙다. 나의 생명처럼 소중한 딸이 있어 아빠는 지금도 딸과 대화할 때는 청춘이요 젊은 아빠다.

바이러스

　보이지도 않고 만져지지도 않는 것이 총보다 무섭고 칼보다 두렵다. 2월부터 시작된 코로나 바이러스 공포는 잦아들 기색이 보이지 않는다. 지구를 종횡무진 휘젓고 다니는 전염병의 세력 앞에 과학의 존재도 의학의 힘도 고개를 들지 못하고 숨을 죽였다.
　과학이 지배하는 참으로 편리한 세상을 살고 있는 인간 세상에 보란 듯이 나타난 무서운 바이러스다.
　달나라 여행을 꿈꾸었던 첨단과학 시대가 우리 앞에 있다. 로봇이 청소하고 심부름을 하며 기계조작을 마음대로 하는가 하면 환자의 수술까지 다 해 내는 과학의 위대함을 자랑했다.
　그러나 죽어가는 사람도 살리는 의학은 고개를 숙이고 말이 없다. 선진화된 문명도 코로나 앞에서는 미개한 인간으로 퇴보하는 느낌이다. 휴전도 없는 장기적인 전쟁이 시작되었다.
　힘을 자랑하던 강대국 아메리카도 전염병 앞에 속수무책이고 문명을 앞세우던 선진국 유럽 나라들도 통곡 소리가 넘쳐난다. 왕이 비틀거리고 왕자의 숨소리가 거칠다. 무서운 적에게 대항 한 번 못 하고 초라한 마스크와 손 씻기가 유일한 방패이다. 그 흔하디흔 하던 마스크도 줄을 서서 한 개 두 개 배급을 받아야 하는 빈약한 인간의 모습이 가엾다.

창을 사이에 두고 오염되지 않은 달달한 봄을 만난다. 변하지 않고 그대로 찾아온 계절은 봄의 교향악을 들려주는 듯 곱고 예쁘다. 잔잔한 햇살 속에 나풀거리는 나무 잎새의 춤사위가 나비 같다. 살랑거리는 꽃바람은 쳐다만 보아도 좋은데 그 속에서 걷던 때가 언제였던가 싶다.

실버들을 만지고 지천으로 피어난 꽃들의 향기도 맡고 싶어 사람이 드문 틈을 타서 늦은 밤에 공원을 걷는다. 까만 하늘에 총총한 별을 본다. 지구보다 큰 별들이 무수히 많은데 달이나 별에는 사람이 살지 않고 지구에만 복닥거리며 살게 하셨을까. 이 무서운 재앙이 어쩌다 지구에만 내렸을까.

공포영화에 나오는 유령처럼 마스크를 쓴 사람들이 지나간다. 사람이 무서워 피한다. 1미터 거리 두기, 한 방향으로 걷기, 어둠 속에서 드러난 현수막의 경고에 오싹 소름이 돋는다. 검정 장갑까지 낀 내 모습도 저분들이 무서워할 대상인 것이다.

형통하면 교만해지는 것은 인간의 본성인가 보다. 교만과 방자함, 성의 문란과 자연 파괴. 사람의 힘을 과시하고 싶었던 구약 시대의 사람들은 바벨탑을 하늘에 닿을 때까지 쌓아 올리려 했고 그

욕망은 하나님을 이기려는 오만함의 극치였다. 노하신 하나님은 바벨을 무너뜨리고 하나이던 언어를 혼잡게 하셨다.

각종 다른 언어로 소통을 못 하게 벌을 내리셨던 것처럼, 우리에게 내리신 재앙도 하나님의 진노이심이 분명하다.

인간의 문란한 혼음과 우상숭배에 소돔과 고모라를 멸하시던 성경을 기억하니 하늘에서 유황불이 우박처럼 쏟아졌던 하나님의 진노가 두렵다. 도성 안에 의인 열 사람만 있다면 멸하지 않겠다고 하신 하나님의 자비가 그립다.

사람은 요행을 기다린다. 오늘일까 내일일까. 코로나가 떠나가기를 기다리며 살아간다. 인간의 그릇된 욕심과 방종, 시기와 질투, 우상과 음란의 소돔과 고모라의 멸망을 떠올려 본다. 유황불로 멸망하는 도시를 떠나면서도 두고 나온 재물을 못 잊어 뒤돌아보던 롯의 아내의 모습처럼 이 세상의 것에 매어 있는 어리석음을 버리지 못하는 우리들이다.

어릴 적에 호열자라는 전염병이 동네를 휩쓸었던 기억이 난다. 어머니는 방 안에 문고리를 잡고 우리 형제들을 가두고 나가지 못하게 하셨다. 어쩌다 담장 틈으로 밖을 보면 이웃집 대문 앞에 새끼줄이 쳐져 있고 소독 냄새가 진동했다. 연이어 곡소리가 들리고 달구지에 관을 싣고 나가는 모습을 먼발치에서 보며 무서워 떨기도 했다. 죽은 동네처럼 황량하고 적막이 감돌던 그 시대를 지금에 비추어 본다.

미개하고 문맹한 시대의 호열자와 과학 만능 시대에 닥친 코로나는 무엇으로 비교하며 설명할 수 있을까.

  하나님의 선하심과 인자하심을 기다리는 부끄러운 기도를 올린다.

일타쌍피 —打雙皮

　꽃이 피고 열매가 익어가는 텃밭에 앉으면 세상이 온통 내 세상이다. 갈 데도 없고 오라는 데도 없어 앞뒤가 막혀버린 답답한 나한테 텃밭은 유일한 해방구요 도피성이다. 조용한 적막 사이로 식물들의 움직임이 들리는 듯하다. "자세히 보아야 예쁘다/ 오래 보아야 사랑스럽다/ 너도 그렇다" 나태주 시인의 풀꽃 시가 여기만 오면 절로 튀어나온다.
　벌이 찾아오고 나비도 날아든다. 파란 하늘도 바람과 햇빛도 모두가 내 것이고 조건 없이 찾아오는 반가운 친구들이다. 사람들의 왕래도 드물고 더없이 맑은 청정지역에서 나만의 시간을 갖는다. 초조하거나 조급한 것도 없어 느슨한 마음으로 풀도 뽑고 가뭄에 목마른 식물에 물도 주면서 해거름까지 쉬다가 돌아간다.
　텃밭 언저리에 피어있는 백일홍은 복더위 가뭄과 태풍 속에서도 잘 견디는 생명력이 대단한 꽃이다. 비실거리는 나보다 힘차고 건강하다. 사진을 찍어 가는 이도 있는가 하면 백일홍을 보려고 일부러 우리 밭 옆길로 지난다는 말을 들으면 대단한 공을 세운 것처럼 으쓱해진다. 식물보다 꽃 사랑에 정신 팔린 여자를 요사스러운 웃음에 흘겨보는 이도 있지만 행복은 느끼는 자의 몫이다.

화려하게 잠시 피었다가 지고 마는 장미나 양귀비보다 백일홍은 유월에 피기 시작하여 시월까지 피고 지고를 반복하며 끈끈한 넋을 이어 간다. 철부지 때부터 백일홍은 내 곁에 있었다. 백 일 동안 목숨을 이어가는 강인한 것이 백일홍의 매력이다. 우리 집 꽃밭의 지킴이는 백일홍이라던 어머니, 유년의 그리움을 깨워주는 백일홍은 식물보다 정이 더 많이 간다. 파종하고 움이 돋으면 잔풀 하나도 얼씬 못 하게 뽑아내고 양분이 좋은 거름을 먹인다.

꽃을 보고 있으면 갑사댕기 물린 언니의 땋은 머리도 보이고 약한 나 때문에 수심에 잠긴 어머니의 얼굴도 스쳐 지나간다. 울 밑과 장독대 언저리에 피던 그 많은 꽃들이 백일홍을 보면서 유년의 꽃밭을 불러온다. 모질고 탄탄한 백일홍은 진부陳腐한 내 성정에 잘 어울린다.

바람에 부대꼈는지 저들끼리 엉켜서인지 한 녀석이 목이 꺾여 고개를 푹 숙이고 있다. 상체 부분을 조심스럽게 잘라서 바구니에 담는다. 기본 수명인 백 일의 생애도 채우지 못하고 고개 숙인 생명이 가엾다. 꽃병에 담아 식탁 위에 두면 단 며칠이라도 더 연명하겠지, 건사를 잘못하여 지지대라도 세워 주지 못한 가책을 받지만 늦은 후회다.

상체를 잃은 꽃대가 볼품이 없다. 뿌리가 튼튼하니 중간 마디에 촉을 틔우면 꽃봉오리를 맺을 것 같다. 북을 돋우어 주며 기죽지 말고 살자고 위로해 준다. 동물이든 식물이든 생명체는 말귀를 알아듣는다. 꽃과 채소들을 키우면서 체험한 직감이다.

이른 봄, 쌀쌀한 하굣길이었다. 양지바른 길섶, 작은 몸매에 꽃을 달고 있는 이름 모를 보라색 예쁜 꽃, 손으로 떠서 움켜쥐고 왔다. 장독대 낮은 울타리 밑에 심었다. "꽃을 좋아하면 눈물이 많다는데 풀도 꽃이냐."며 나무라셨던 어머니.

우리 집은 담장 아래와 장독대 언저리가 꽃밭이었다. 까만 점이 박힌 나리와 금잔화와 봉숭아 채송화는 장독대 곁이 제자리였다. 담장 아래로 줄지어 선 칸나와 접시꽃은 키가 커서 담장을 넘었다. 대통이 실한 꽃들은 비바람에도 넘어지지 않는데 달리아는 몸통이 약해서 가만한 바람에도 넘어진다. 지지대를 세워주던 작은오빠는 하늘하늘한 것이 나를 닮았다고 했다.

마당 구석진 곳은 꽈리들의 집성촌이다. 주머니 같은 꽈리가 조랑조랑 달렸었다. 여물지 않은 꽈리 봉지를 열어 보다가 언니한테 야단을 맞기도 했다. 연분홍 모란이 피면 쪼그리고 앉아 향기를 맡으며 벌이 날아드는 것을 지켜보던 아이, 마당 한가운데 서 있는 향나무에서 떨어지는 열매를 주워 동생과 공기놀이하며 놀던 고향 집과 꽃밭이 그리워 해마다 백일홍을 심고 가꾸는 이 심사를 누가 알겠는가.

곡식이 여물어가고 하늘이 청명해지는 가을이다. 씨앗을 품고 수척해 가는 백일홍의 마지막이 안쓰럽다. 꺾이려는 몸을 지탱하며 서 있는 고행은 유전을 남기려는 최후의 몸부림처럼 보인다. 종자는 내년을 기약하는 약속이고 유전의 법칙이다. 씨앗을 거두는 내 손은 약한 아이를 안을 때처럼 조심스럽다.

엄마는 병약한 나를 키우며 쳐다볼 때마다 떨렸다고 했다. 실버들처럼 가늘고 검불처럼 말라서 금방이라도 잘못될라 마음을 놓지 못했단다. 생명체인 씨앗을 받는 내 마음이 그렇다. 약도 체할까 물도 걸릴까 조심하며 키운 딸이 꽃을 좋아하는 것마저 싫어하셨다. 나랑 살자 잘 견디자 하시던 엄마의 넋두리가 들린다.

봄에 만나 헤어지는 가을까지 백일홍은 나의 위안이고 그리움을 달래는 고향이다. 백일홍이 떠난 텃밭은 머잖아 황무해질 것이다.

내년 봄이면 우리는 만난다. 곱고 아리따운 자태 그대로 오겠지만 내 모습은 해마다 달라진다. 내년에는 좀 더 변할 것이고 그러다가 영영 헤어지는 날이 올 것이다. 기약된 이별이건만 내년 봄이 너무 멀게만 느껴진다.

텃밭에서 얻는 소득과 꽃을 키우는 즐거움, 일석이조─石二鳥의 기쁨이요 일타쌍피─打雙皮가 아닐는지….

바람[風]은 바람[所願]이었다

바람은 보이지 않지만 느낌으로 알고 스침으로 안다. 잔잔한 호수에 파문이 일 때, 나뭇가지와 잎새가 흔들릴 때 굴러가는 가랑잎에서 바람을 본다. 꽃잎을 날려 보내는 심술에서 바람의 존재는 확연하다.

봄이 오기 전 2월 바람은 항상 춥고 매섭다. 보이지도 않고 잡히지도 않는 바람을 보았던 때가 어린 철부지였을 때이다.

어머니는 소지燒紙에 불을 붙여서 하늘로 올려 보내셨다. 2월 초하루부터 시작하여 한 달 동안 이어지는 행위는 연중 기원을 드리는 어머니만의 소중한 행사였고 신앙의 불이었다. 불이 붙은 소지는 어머니의 손끝에서 바람과 함께 위를 향해 올라가다가 재가 되어 내려와 흩어졌다.

지금도 간간이 스치는 2월의 찬바람 속에서 그 옛날 어머니가 세수하고 머리 곱게 빗고 정갈하게 옷 입으시고 소지에 소원을 담아 올리던 일을 떠올린다. 어머니의 바람[風]은 바람[所願]이었다.

설이 지나고 산자와 유과 바구니가 비워질 무렵이면 오곡밥을 먹는 대보름을 기다린다. 오락도 없고 간식도 귀하던 시절에 절기를 기다리는 것이 즐거움 중의 하나였다.

대보름의 여운이 사라지고 나면 2월을 기다렸다. 색다른 음식을 준비하지도 않았지만 2월이면 소원을 담아 올리는 풍속을 엄마는 바람 올린다고 하셨다. 우리 집만의 연중행사가 아니었을까 싶다. 나의 어린 시절을 생각하면 꿈같기도 하고 지울 수 없는 그림처럼 내 안에 선명하게 자리 잡은 바람의 달이다.

언제 바람 올리는지 내가 학교에서 돌아오면 해야지 나 없을 때 하지 말라고, 엄마한테 단단히 다짐을 받기도 했다. 유난히 엄마가 하는 모든 것이 내 눈에는 신기하고 오묘해서 반드시 곁에서 지켜보고 싶은 욕심 많은 딸을 누구보다 사랑해 주셨다.

부엌 살강 한켠에 촛불을 켜고 얇은 소지燒紙에 불을 붙여 손으로 받쳐서 올리는 모습은 평소에 보던 엄마가 아니었다. 경건하고 엄숙하였으며 그 소원이 반드시 이루어질 것 같은 확신이 들기도 했다. 2월 한 달 동안 아침저녁으로 손을 비비는 엄마의 염원 행사 곁에 언제나 지켜보는 이는 나 하나였다.

아버지를 시작으로 막냇동생까지 일일이 소원을 드릴 때 엄마의 목소리는 아주 작았지만 무슨 소원을 담아 올리는지 귀를 세우면 낱낱이 들을 수 있었다.

바람은 얇은 소지 속에 담겨 있었다. 불을 붙이고 두 손으로 소지를 올리고 재가 되어 내려앉을 때까지 응시한다. 손은 마주 포개고 절을 하며 소원을 읊으셨다.

소지 속에 담아 올리는 소원은 소곤거리듯 낮은 음성이었지만 귀를 세우고 들어 보면 엄마의 고달픔도 가슴앓이도 알게 되었다. 내가 알지 못했던 육 남매에 대한 아픔과 상처가 소지 한 장 한 장에 담겨 올라갈 적마다 나는 눈물을 삼키며 듣고 있었다.

아버지의 짙어가는 지병도 언니들의 시집살이의 고달픔도 엿들을 수 있었다. 큰오빠의 차례가 되면 소지 두 장을 포개어 두텁게 접고 다른 식구들보다 시간을 많이 할애하여 천천히 불을 붙여 올렸다. 대를 이어갈 맏아들의 이름을 부를 때 엄마의 소리에는 힘이 있었다. 내 이름은 막냇동생 앞자리에 언제나 있었다.

태어나면서부터 약하여 비실비실하는 가냘픈 딸이 튼실하게 자라서 아들 같은 딸이 되게 해 달라고 손을 비비며 절을 하셨다. 나도 건강해져서 엄마의 소원을 갚으리라 생각하며 어서 자라고 싶었다.

우리 집은 바람 올리는 행사가 끝나야 봄이 오는 것 같았고 한 해가 마무리된다는 느낌도 들었다. 다시 시작되는 한 해가 무탈하게 지나갈 것 같은 기대감도 있었다. 소지를 담았던 바구니가 치워지고 촛불도 꺼지고 나면 살강 한쪽이 텅 빈 것처럼 한동안 허전했다.

지금도 2월 추위 속에 바람이 불면 그 옛날 어머니의 바람을 생각한다. 흔들림이 없이 강직해 보였지만 기댈 데 없고 의논할 곳도 없었던 고달프고 외로웠을 어머니.

　혼자 힘으로 지고 가기엔 너무나 무거웠던 육 남매와 신병 중의 아버지. 도와줄 이 없어 산과 강, 바람을 붙들고 도움을 구하고 싶었을 어머니의 허허로운 마음은 쓰러질 것 같은 자신을 지탱하기 위한 몸부림으로 이런 나약한 신념을 갖게 하지 않았을까.

　아버지가 세상 떠나신 후에 2월의 바람도 사라졌다. 병약한 딸을 위한 길을 모색하던 중 인생의 참 가치기준이 전능자의 손에 있음을 아시고 기독교를 선택하셨다. 보이지 않는 하나님의 섭리 속에서 새로운 탈출구를 찾은 것은 값없이 받은 은혜였다.

　혼자 짊어지기에 무거운 짐을 전능자 하나님 앞에 내려놓으시고 어머니는 인생의 방황을 끝내셨다. 신앙의 참모습을 이어가는 자녀들은 간절했던 어머니의 바람을 기억한다.

　방랑자가 본향을 찾아 돌아온 듯 평안한 여생을 마칠 때까지 바람[風]이 아닌 바람[所願]을 이루며 사셨던 우리 어머니.

　채우고도 남을 믿음의 유산을 자녀들에게 남기셨으니 이보다 큰 축복이 어디 있을까.

할머니

칠순 노인이 길을 가고 있다. 뒤에서 "할머니!" 하고 부른다. 지나는 이가 없으니 나를 부르는 것이 분명했다. 못 들은 척했다. 뒤돌아보면 할머니가 되어버리는 것이 싫어서다.

내가 허리가 굽었나, 걸음걸이가 느리기라도 한가. 바글거리는 파마머리도 아니고 고상한 차림새에 유행 따라 편한 신식 운동화도 신었다.

헬스장에서 러닝머신도 한 시간씩 하고 걸음도 재빠르다. 젊은 이들과 어울려 스트레칭도 하고 알통 생기라고 아령 들고 스쿼트도 100개 정도 거뜬히 한다. 다루지 못하는 헬스기구가 거의 없다. 자전거도 10킬로미터는 기본으로 달린다. 할머니라는 호칭은 어불성설語不成說이다.

뒤따라온 학생이 스카프를 내민다. "할머니 걸음 빠르시네요. 저기 구름다리에서 흘리시기에 주워서 뛰어왔는데 불러도 듣지 못하셨나 봐요." 고맙기도 하고 미안하기도 한 것은 제쳐두고, 부끄럽게도 그 학생은 손녀 또래다. 주제 파악이란 말이 떠오른다. 못난 할머니의 극치다.

젊고 싶다고 젊어 보이는가. 억지 쓰지 말고 할머니다워라. 남의 눈은 정확하다. 젊고 싶은 욕망에 배부르면 갈증만 심해진다. 오기 부리지 말자. 운동 많이 하면 노인 아니라고 누가 그랬던가. 자전거 잘 타는 노인들 수두룩하다.

손주가 나를 부르며 안길 때 사랑스러운 것처럼 남이 불러도 반가워하자. 연륜을 쌓은 자답게 나잇값을 하며 부드럽게 사는 것이다. 억지를 부린다고 젊어지는 것도 아니다. 노인이라는 열등감도 내려놓고 온유한 마음과 양보하는 미덕이 준 선한 웃음으로 푼수에 맞게 살자.

스스로를 속이면서 고집스런 욕심을 내려놓았던 그때가 지금보다는 젊어 한때였나 보다. 좀 더 먼 훗날, 지금이 젊은 날이 될 것이다. 팔십은 구십보다 젊고 백 살보다 어리다는 말을 실감하며 새해를 연다.

응원의 글

 어설프고 영글지 못해 설익은 글을 응원해 주신 선생님들의 편지는 메마른 저의 글밭의 단비였습니다. 묻어 두기에는 너무 소중한 글이기에 자랑삼아 여기에 옮겨 적습니다.

 (1) 소설가 나연숙 선생님의 편지

 함순자 권사님께
 하나님의 인도하심으로 귀하신 글을 '주부편지'에 싣게 하심을 감사합니다.
 글을 읽고 제가 먼저 큰 은혜를 받았습니다.
 주부편지를 읽는 모든 국내외 회원들께서도 은혜받았을 것입니다.
 "이런 귀한 분이 계셨구나."
 기독여성문인회 회원들도 큰 은혜 받았습니다.

권사님의 글솜씨는 저희보다 뛰어나셨습니다.

문서선교의 달란트가 있으신 것 같은데 앞으로 좋은 글 써 주시면 고맙겠습니다.

한 달에 한 번 모여서 예배드리고 책 발송하는 봉사가 있습니다. 2월에 시간 내주셔서 귀한 '간증' 한번 해 주시면 어떨까요?

꼭 듣고 싶습니다.

권사님의 가정 위에 하나님의 은혜와 평강이 충만 충만하시기를 기도합니다.

1997년 1월 24일 나연숙 올림

나연숙 선생님은 2년 전 작고하셨지만 이 편지를 버리지 못합니다. 드라마작가로 석화촌, 달동네, 에덴의 동쪽 등 많은 화제작을 남기신 선생님의 칭찬은 글을 쓰게 하는 불씨였고, 선교에 도움이 된다면 글을 써야 한다는 의무감과 책임감을 느꼈던 그때를 기억나게 합니다.

서른의 나이에 글과 멀어진 제가 주부편지에 글을 쓰게 된 것은 하나님의 섭리였다고 믿고 싶습니다.

기독여성문인회가 매월 발간하는 '주부편지'는 오로지 문서선교의 나침반처럼 전국에 많은 독자들이 기다리는 은혜의 책입니다.

글을 다시 쓰게 되면서 이듬해 『편지에 채워진 행복 이야기』라는 산문집을 발간할 수 있었던 것은 주부편지의 은덕이었습니다.

그때만 해도 책이 흔치 않았던 탓인지 4쇄를 거듭하며 많은 독자를 만날 수 있었고 그 산문집으로 인하여 CBS 기독교 방송국 〈새롭게 하소서〉 시간에 출연하여 간증의 기회도 주어졌으며 KBS 방송국의 유애리 아나운서가 진행하는 〈나의 삶 나의 보람〉 방송 출연도 하는 행운을 얻었습니다.

나를 나답게 세워 주신 나연숙 선생님, 그리고 주부편지는 그렇게도 동경했던 문학의 길을 가게 한 출발이 되었습니다.

(2) 아동문학가 이영호 선생님의 글

함순자 여사에게

축하!

보내주신 수필집 『푸른 계절의 약속』 고맙게 받았습니다.

각고의 노력과 삶이 배어 있는 좋은 수필집을 내신 것을 진심으로 축하드립니다.

이번 수필집을 통해서 이웃사촌이지만 미지의 여인인 채로 남아 있었던 수필가 함순자를 속속들이 알 수 있었던 것이 내겐 가장 큰 기쁨이었습니다.

수필가로 등단한 인연을 비롯해서 소원을 이룬 텃밭 이야기며 땅끝 섬마을 행정고시 합격자의 축하 현수막을 보고 같은 출발을 했던 부군과의 곤고한 삶을 회고하는 모습, 남을 위해 사는 듯한 한 젊은이에 대한 찬탄, 한 동네 살면서도 내가 한 번도 가보지 못한 일산 장날 이야기, 여고 시절 미군과 연애로 미국으로 도망쳐야 했던 친구를 방문한 이야기 등등 어느 하나 가슴에 와닿지 않는 글이 없었습니다.

좋은 수필이 모름지기 세련된 문장으로 자신의 진솔한 마음을 거짓 없이 표현해야 하는 것이라면 함순자의 수필은 훌륭한 수필임에 틀림없어 보입니다.

좋은 수필집을 상재하기 위해 각고의 노력을 하셨음에 깊은 경의와 축하를 드립니다.

함순자 만세!!

늘 건강하시고 지금처럼 값진 나날 되시기를 빕니다.

이웃사촌 이영호

이영호 선생님의 인터넷 주소는 20ho, 저는 투빵호 선생님, 하고 부르기도 하였습니다. 아동문학가로 우리가 너무나 잘 알고 있는 선생님이십니다.

해 질 녘에 호수공원 팔각정 아래 자리를 펴시고 호수를 바라보시며 사모님 건강을 걱정하시더니 사모님 두고 먼저 가셨습니다.

공원 길에서 마주 치면 하얀 수염에 너털웃음, "순자는 내 팬이 아니지만 나는 순자 팬이야." 하시던 선생님의 칭찬이 그립습니다.

지금도 다니시던 길을 걸으면 "어이" 하고 손 드시고 부르실 것만 같아 돌아봅니다.

(3) 백석대학교 김기창 교수님의 편지

　권사님 백석대학교회 장로 김기창입니다.
　새해 늘 건강하시고 하나님께서 주시는 복과 은혜로 뜻하시는 일을 모두 넉넉하게 이루시며, 일상의 삶에서 감사와 기쁨이 넘치기를 기도드립니다. 지난 연말에 아드님 정지훈 장로가 권사님께서 쓰신 수필집 『길 위에서 만난 사람들』을 주셔서 며칠 동안 재미있게 잘 읽었습니다.
　수필집을 읽으며 은혜와 감동을 많이 받았고 제 삶이 얼마나 부족하고 부끄러운지 많이 깨달았습니다.
　수필이 자기고백적 문학이라 작품에서 은연 중에 드러나는 권사님의 고결하신 인품과 신실한 신앙에 바탕을 두신 평생의 훌륭한 삶을 잘 읽을 수 있었습니다. 제 마음을 다한 찬사를 올리고 싶습니다.
　작품을 통해 보이는 권사님의 예리하신 관찰력, 풍부하신 상상력, 해박하신 지식은 정말 대단하셨습니다. 권사님의 유려流麗한 문체와 적확的確한 표현에 국문과 교수(구비문학을 전공했습니다)인 제가 얼마나 부끄러웠는지 모릅니다.

특히, 각 작품의 끝부분에 독자들이 느끼고 생각할 여지(여운)을 남겨놓기 위해 쓰신 문장과 작품의 내용에 알맞은 성구를 소개해 주신 것은 더욱 좋았습니다.

훌륭한 수필을 읽게 해주신 하나님과 권사님께 감사드립니다.

앞으로도 더욱 많은 작품을 쓰셔서 후학들이나 젊은이들에게 수필문학의 진수를 보여 주시고 삶의 많은 깨달음을 주시면 고맙겠습니다.

주님께서 주시는 은혜와 평강이 늘 충만하시길 기도드립니다.

2019년 1월 3일
김기창 올림

김기창 장로님은 백석대학교 국문학과 교수이시며 구비문학을 전공하셨습니다. 특히 설화說話와 전설傳說에 관한 교과서적인 책을 많이 출간하신 학계에 널리 알려지신 국문학자이십니다.

『한국 구전 설화집』『분단 이후 북한의 구전설화집』을 비롯하여 『청양 설화』『백제의 전설여행』『천안의 전설여행』 등 현장을 찾아가 눈으로 확인하고 가슴으로 느끼며 채록한 자료를 정리하여 전설의 흔적을 카메라에 담아 책으로 출간하시고 『터키민담 켈올란 이야기』를 번역 출간하셨습니다.

제가 특히 읽고 다시 읽는 참고서처럼 책상 머리에 두고 읽는 장로님의 책은 『교회에서 쓰는 말 바로 알고 쓰자』입니다.

나부랭이 같은 글을 과분하게 칭찬해 주셔서 자신감과 용기를 얻었습니다.

(4) 산영수필문학회 서길원 회장님의 글

함순자 선생님의 수필집을 읽고
유년 시절 이름 짓기를 좋아하던 아이가 자신도 모르게 간직해 온 꿈은 문학이었습니다.
개천예술제를 통해 그 꿈을 키워가던 단발머리 문학소녀의 열망은 오랜 세월이 지나 수필가가 되었습니다.
수필집을 받은 날 저녁, 수필집 한 권을 단숨에 다 읽어내려 갔습니다.
이 작가의 가슴속에 하고픈 이야기가 실타래처럼 끝이 없고 그것을 엮어내는 유장함이 타고난 솜씨로구나 하는 생각을 새삼스레 하게 되었습니다. 읽을수록 우리가 알고 있는 작가 함순자 곁으로 나를 다가가게 합니다.
그래서 작가의 오늘이 있게 한 여러 인연을 우리로 알게 하고 그가 어떤 열정과 노력으로 오늘을 이루었나 알게 하며 작가가 엮어낸 삶이 얼마나 값진 것인가 알게 합니다.
작가 함순자에게는 타지에 살면서도 예정에 없이 찾아가게 만드는 아름다운 고향이 있고, 살다가 닥쳐올 어려움까지 걱정하여

혼숫감으로 재봉틀을 넣어주시는 현명한 어머니가 계셨으며, 눈 내리는 날 갈림길에서 우산을 들고 기다리는 남편과 전화 목소리만으로도 어머니의 안녕에 감사한다는 아들 딸이 있습니다. 거기에 더해 고향 같은 동생이 있고 눈 돌리는 곳마다 사랑을 쏟을 이웃이 있어 그것이 문학의 텃밭에 자양분이 되어 주었습니다.

그 텃밭을 열성적으로 가꾼 사람은 누구보다 작가 자신이었습니다. 주변의 아픈 손을 잡아줄 줄 아는 넉넉한 마음은 생사의 갈림길에서 헤매던 딸을 남부럽지 않은 음악가로 키워냈으며 겨울나무처럼 외로운 처지의 남편을 소리 없이 응원하고, 자신을 허물어뜨리려는 병과도 의연하게 싸워 왔습니다. 작가에게 모든 역경은 문학의 텃밭을 일구는 힘이 되어 주었을 뿐입니다.

그렇게 노력해 온 결과 그의 텃밭은 기름지게 가꾸어졌습니다. 그가 따뜻한 시선을 아끼지 않았던 이웃, 그가 사는 아름다운 동네, 하는 일마다 자랑거리인 자손들, 그리고 그 텃밭 위에 쏟아지는 신앙의 햇볕, 그가 일궈낸 삶의 밭을 점수로 매기자면 누구도 A+를 주지 않을 수 없을 것입니다.

산영재 선생님의 말을 빌려, 수필가 함순자가 우리들에게 "자신이 사는 모습을 통해 우리가 잃어버린 소중한 덕목을 다시 만나보는 기쁨을 끝없이 선사"해 주기를, 그리하여 그의 문학의 밭이 또한 A^{++}가 되도록 더욱 비옥하기를 기원합니다.

2011년 4월 30일 서길원 올림

산영수필문학회는 산영재 선생님의 제자들의 모임입니다. 서길원 선생님은 산영문학회 회장님으로 저의 손톱 밑에 가시가 든 것도 알아차릴 만큼 세밀하고 자상하고 정이 많은 회장님이십니다.

수필 한 편을 쓰신 것처럼 한 획도 놓지지 않고 작가의 마음을 낱낱이 헤아리는 따뜻한 정이 고맙습니다.

횡橫으로 종縱으로 널브러진 글을 주워 담듯이 촘촘히 읽어 주심은 관심이고 사랑이었습니다.

사랑은 오로지 받은 자만이 압니다. 이 응원의 글을 읽으며 저는 행복했습니다. 그리고 따뜻한 격려와 응원의 방법을 배웠습니다.

4

민들레

민들레
영순이
짝꿍
할아버지의 등
꿈을 꾸는 서장대
온도 차이
안스리움
밥순이
가요는 역사다
그 사랑, 내 영혼의 반석

민들레

　겨울이 풀리고 얼었던 땅에 훈기가 돈다. 마음도 바쁘고 손도 바쁘고 눈도 바빠진다. 겨우내 움츠렸던 흙무더기를 일구면 지난가을에 뿌려둔 거름이 삭아서 단내가 솔솔 난다.

　허리와 바지 끝에 고무줄을 넣은 편한 바지에 맑은 날 궂은 날 가리지 않고 장화를 신는다. 챙이 넓은 모자를 눌러쓰고 봄볕을 등에 업고 삽질을 한다. 속절없는 촌부의 모습이다.

　손바닥만 한 밭뙈기를 가지고 논다고 핀잔도 하고 용하게 가르친 대로 농사일을 잘한다고 칭찬도 하는 할아버지가 삽질하는 나를 바라보고 서 있다. 그분은 텃밭을 마련해 주고 농사짓는 법도 일일이 가르쳐 주신 분이라 내게는 더없는 큰 어른이시고 농촌지도자이시다.

　파종 시기가 되면 내가 선택하기 전에 강낭콩을 심어라, 토란을 심어라, 명령도 하고 씨앗이나 모종도 우리 텃밭에 심을 만큼을 사다 주시니 내 의사意思와는 상관없이 채밭을 가꾼다. 그분의 명령에 절대복종하면서 마음 다치지 않으려고 노력하는 편이지만 불편하다고 느낀 적은 없었다.

어느 해 이른 봄 양지바른 밭둑 여기저기에 심지도 않았는데 지천으로 민들레가 피었다. 땅에 달라붙은 앉은뱅이 노란 꽃도 예쁘지만 잎을 따서 초고추장에 버무린 쌉싸래한 나물 맛도 체험한 터이고, 뿌리도 약초로 쓰인다고 들었다. 그뿐인가 민들레 환과 즙을 소개한 광고도 본 적이 있다.

민들레를 캐다가 우리 밭과 이웃한 밭 사이에 둑을 치고 줄지어 심으면 경계가 구분되어 울타리도 되고 예쁜 꽃도 보고 가을에 캐어 약초로도 쓰이겠다는 생각이 들었다. 농약으로 인해 믿기지 않는 것이 많은 세상에 야생으로 키우는 토종민들레가 얼마나 믿을 수 있는 약초인가. 마치 발명품에 특허라도 받은 듯 위대한 발견에 마음이 두근거렸다.

여기저기 흩어져 있던 민들레를 캐 와서 심었더니 제법 보기 좋은 민들레 울타리가 만들어졌다. 땅에 엎드린 작은 몸매는 밟히면서도 일어서는 끈기가 야무지고 탐스럽다. 뿌리는 숨은 힘을 자랑하듯 튼실하다. 수줍어하면서도 똑똑해 보이는 민들레가 얼마나 사랑스러운지 물을 흠뻑 주고 나니 웃음인 듯 방실거린다. 누구의 간섭이나 도움 없이 혼자 꾸며서 지어낸 작품이라 더욱 신기했다.

다음 날 아침 "철없는 아이처럼 소득도 없는 일을 왜 저지르느냐? 감당할 수 있느냐?" 할아버지의 불호령에 대답할 수가 없었다.

할아버지의 간섭받지 않고 해 본 최초의 결정에 초연超然하려고 못 들은 척했다. 복종만 하다가 할아버지를 거역한 첫 번째 불순종이었다.

얼마나 지났을까. 꽃이 지고 둥근 홀씨가 솜방망이처럼 하얗게 줄지어 서 있었다. 보기 좋은 것도 잠시였다. 뿌리는 깊이깊이 땅속을 뻗어내려 단단한 몸집을 키우고 있었지만 작은 바람이 일렁거릴 때 가벼운 홀씨는 제멋대로 방향 없이 흩어져 날아간다. 깃털에 붙어 있는 수백 개의 홀씨가 우리 밭뿐 아니라 옆집 할아버지 밭으로 훨훨 날아간다. 우리 밭보다 더 하얗다. 할아버지 눈빛이 붉어졌다. 숨이 멎는 것 같다. 할아버지를 쳐다볼 수가 없었다. 불순종의 벌인가 대책이 없는 후회가 눈물이 되어 흐른다. 어쩌면 좋을지 앞이 캄캄했다.

드디어 할아버지 육성이 천지를 흔든다. "농사에는 민들레 홀씨가 날아와도 귀찮은데 먼 데 있는 것을 캐어다가 심어놓고 처음부터 말렸지. 내년에는 민들레밭이 되면 민들레만 먹고 쳐다보고 살 것이냐." 먼 밭에 농부들도 일손을 놓고 쳐다보고 있다. 고양이 앞에 생쥐처럼 유구무언有口無言이다.

'내가 할아버지 밭에 가라고 했나요. 우리 밭에만 머물 줄 알았지 바람 따라 춤을 추며 날아갈 줄은 몰랐어요.' 나의 대답은 입안에 머금은 채 멍청하게 서 있었다.

민들레한테 작별 인사를 했다. 너는 바람난 난봉꾼이다. 너와는 짧은 사랑이지만 너를 데려오며 행복했던 때를 잊으려고 한다. 이제 헤어지자. 이곳저곳 가리지 않고 헤프게 날아가 자리 잡아 미움받고 가벼운 몸짓으로 때와 장소 없이 뿌리 내리는 너의 지조 없음이 나는 싫다. 우리의 사랑은 여기에서 끝내자. 민들레를 파헤치며 이별했다.

농사도 약초도 아무나 하는 것이 아니었다. 경험이 스승인 것을 모르고 잘난 척했던 것을 후회했다. "내년 봄에 할아버지 밭에 민들레가 고개 들고 나오면 맨 먼저 다 뽑아 버릴게요." 할아버지는 건방지다고 생각하셨겠지만 침묵하셨다.

할아버지 간섭을 받으며 농사일을 배운 지 20여 년이 지났다. 나는 익숙한 농사꾼이 되었다. 24절기를 맞춰가며 농사일 잘하는 여자라고 칭찬하시던 할아버지, 세상을 떠나시기 전에 당신의 땀이 밴 밭뙈기도 내게 주고 가셨지만 나는 민들레를 심지 않았다.

팔월이 되면 배추를 파종한다. 밭두둑 위에 손바닥 도장을 찍는다. 손가락 다섯 개가 선명하게 찍힌다. 손자국 위에 씨앗을 몇 개 뿌리고 흙을 솔솔 덮은 후에 손바닥으로 또 한 번 살짝 누른다. 할아버지가 가르쳐 주신 가을 김장배추 파종법이다.

"농사꾼 다 되었네! 시골 가서 농사지어도 밥 먹고 살겠어." 할아버지의 무뚝뚝한 음성이 그립다.

영순이

봄볕이 잔잔하게 내린다. 아지랑이가 가물거린다. 봄꽃 향기가 천지에 가득하다. 산수유도 피고 목련도 피고 벚꽃도 피었다. 얼마나 아름다운 계절인가.

화사하게 살랑한 봄옷으로 단장하니 마음도 가볍고 예쁘다. 멀리서 지저귀는 새소리도 들린다. 바로 이것이 풍요로운 세상이고 행복이 아닌가.

누리며 사는 세상에서 배고픈 사람은 없을까. 우리가 살아온 저 아득한 세상에는 따뜻한 봄이면 배고픈 사람들이 많았다. 양식이 없어 굶는 사람이 있다는 것을 일곱 살 때 알았다.

온 누리에 찬란한 봄으로 물들 때면 문득 어릴 때 친구 영순이가 생각난다. 배고픔을 표정도 없이 참고 살던 봄날의 영순이.

방 한 칸에 부엌 한 칸인 동네에서 가장 작은 오두막집은 나와 동갑인 일곱 살 영순이 집이다. 외짝짜리 방문에는 대나무 살에 창호지를 발랐고 흰빛이 아닌 누렇게 바랜 황토색 문은 허리를 굽혀야 드나들 수 있었다. 부엌은 정갈하지만 항상 냉기가 돌았다. 마대로 얼기설기 얽은 방바닥도 냉골이었다.

우리 조무래기 몇이 모이면 어른이 안 계신 영순이 집이 만만해서 자주 가서 공기놀이도 하고 오자미 놀이도 하고 놀았지만 영순이는 우리를 반가워하지 않았다. 왜 오느냐는 눈치도 주었고 우리와 어울리지도 않았다. 먹을 것을 싸 가지고 가도 못 본 척 외면하였고 동정받으며 살지 않겠다는 독한 느낌도 받았다. 엄마가 남의 도움 받지 말라는 당부를 단단히 하였다는 말을 자주 하는 편이었다.

영순이는 나와 동갑인데도 키도 작고 눈만 커서 더욱 약해 보였다. 단발머리인 우리와는 달리 숱이 적은 머리를 종종 땋고 있었다. 허약하고 작은 몸매지만 강단이 있고 어른처럼 말을 했다. 엄마가 돌아올 때까지 집안일을 다 하는 것은 물론이고 네 살짜리 동생이 울면 업어서 달래고 잠도 재우는 누나였다.

남동생은 아버지가 세상 떠난 뒤에 태어나서 이름을 유복이라고 지었다고 여러 번 되풀이했다. 자신은 굶어도 동생은 먹여야 하고 남동생이라 울게 해서도 안 되는 절대적인 존재라는 인식이 머릿속에 박힌 듯 유복이를 챙기곤 했다.

우리 집에 가서 놀자고 하면 엄마가 남의 집 가면 절대로 안 된다고 해서 못 간다고 거절하는 모습이 항상 싸늘했다. 해롭게 하는 것도 없는데 반감을 갖는 영순이의 눈빛이 거북하게 느껴질 때도 종종 있었다. 오지 말라는 말은 하지 않았지만 흘기는 듯 싸늘한 눈빛을 보면 무안할 때도 있었다. 그러나 유복이를 다독여서 재우고 걸레질을 하고 집안일을 하는 걸 보면 어린 내 눈에도 대견하고 친구가 아니라 큰언니처럼 보였다.

우리 집 대청마루 뒷문을 열면 뒤뜰이다. 담장 밑으로 봄을 맞은 새순들이 눈을 트고 올라오는가 하면 감나무에도 새순이 입을 열었다. 담장 밖에는 우리 동네가 나누어 먹는 우물이 있었다. 동네 아낙네들의 집합장이다. 샘터는 크고 작은 동네 소식이 전해지는 곳이고, 채소를 다듬고 씻으며 한 움큼씩 후한 인심도 나누는 곳이다. 마루에 서서 보면 물동이를 이고 물 길으러 오가는 아낙네들이 훤히 보인다.

봄볕이 화사한 날, 뒷문을 열어놓고 점심을 먹고 있었다. "누야 배고파 배고프다." 얼른 마루에서 넘어다보니 유복이가 물동이를 이고 가는 누나의 치마를 잡고 끌려가듯 따라가며 하는 소리다.

"춘궁기가 왔구나, 배고프다는 소리가 들리는 걸 보니." 엄마의 말이 끝나기도 전에 "엄마 영순이 데려올까? 유복이하고." 엄마는 고개를 저으며 잘못하면 오해받는다고 했다. 뼈대 있는 집에서 자란 영순이 엄마는 함부로 대하면 안 되는 여자라서 후하게 한 것이 노여움을 살 수 있다며 가만히 있으라고 했다.

뼈대 있는 집안은 어떤 가문이기에 영순이는 우리한테 그처럼 싸늘하게 굴었을까. 나이 들고 생각하니 '너희들이 뭘 알아 배고프면 철도 일찍 들고 오기도 생긴다는 것을 세상 물정 모르는 너희들이 어찌 알겠는가.' 하면서 비웃지 않았을까 싶다.

이듬해 학교에 가면서 영순이와 멀어졌다. 걔네 집에 갈 일도 없었고 만나지도 못했다. 친구의 소식도 모른 채 기억에서 사라졌다.

배가 고프면 쏟아지는 햇살도 싫고 꽃잎에 실려 오는 연분홍 바람도 싫다. 천지에 흐드러진 진달래도 개나리도 배고픔을 달랠 수는 없다. 보릿고개라는 힘든 고개에서 배 꺼질세라 뛰지도 않고 물 한 바가지로 배를 채우며 살았던 노래도 있지 않던가.

농토를 많이 가진 집이 부잣집이고 곡식을 많이 거둔 천석꾼, 만석꾼 집이 부자였던 시대는 갔다. 배고픈 봄도 없다.

햇빛이 곱고 화창한 봄날이면 어제인 듯, 물 길으러 가는 뒤안길에 배고프다고 칭얼대던 유복이 생각도 나고, 또래에 비해서 작지만 철이 들어 보이던 영순이도 보고 싶다.

어느 하늘 아래 살고 있는지 배고프지 않은 세상에서 나처럼 할머니가 되어 옛날얘기를 하고 있을까. 불을 지피지 못한 냉랭한 부엌과 차갑던 냉방을 기억할까. 배고파서 구걸하는 이도 없고 거지도 없다. 배고파서 훔쳐 먹는 도둑도 없다. 영순이는 어떤 봄을 보내고 있을까. 봄날이 가고 있다.

짝꿍

창우는 초등학교 일 학년일 때 짝꿍이다. 미술 시간이었다. 추錘가 달린 기다란 시계 그림을 칠판 위에 걸어놓고 선생님은 그걸 그리라고 하셨다. 창우는 공부도 잘하고 그림도 잘 그렸다. 그림에 재주가 없는 나는 도화지에 크레용으로 색색의 선만 손 가는 대로 긋고 있었다.

"너는 시계 안 그리고 무지개 그리나." 하며 창우가 옆구리를 쿡 찔렀다. 나는 화가 나서 "너는 그림을 잘 그리니까 미술 시간이 신나지? 나는 재미없어." 하는데 도화지 위에 코피가 뚝뚝 떨어졌다. 창우가 놀라서 선생님을 불렀다. 교생선생님이 오셔서 솜으로 코를 막아 주며 그림 그리지 말고 가만히 안정하라고 했다.

우리 학교는 사범학교 안에 있는 부속 초등학교였다. 사범학교 졸업반이 되면 우리 학교로 교생실습을 나왔다. 큰오빠도 졸업반이라 3학년 1반 교생이었고 우리 반의 교생선생님도 우리 집에 자주 오는 오빠 친구들이다.

집에서도 코피가 자주 터졌지만 코를 막고 조금 지나면 금방 멎었다. 자주 겪는 터라 예사로 생각하면서 그림 그리기 싫던 차에 코피 난 핑계로 가만히 있었다. 교생선생님이 연필로 시계를 대충 그려 주시면서 나더러 색칠을 잘해 보라고 했다.

창우는 내 옆구리를 건드려서 코피가 난 줄 생각하는 눈치였다. 자기가 하는 대로 따라 색칠하라며 크레용 색을 이것저것 골라 주고 전에 없이 고분고분했다. 나는 집에서도 코피가 잘 터지니까 네 탓이 아니라고 말하고 싶었지만 나한테 전에 없이 호의를 베푸는 것이 기분 좋아서 창우 때문인 것처럼 아무 말도 하지 않았다.

쉬는 시간에 큰오빠가 우리 교실에 와서 내 머리를 짚어보고 집에 갈 때 오빠하고 같이 가자며 등을 두드려 주고 갔다. 아이들이 교생 오빠가 있는 나를 부러워할수록 어깨에 힘이 빵빵하게 들어가고 도도하게 굴었다. 친구들 앞에서는 표시 내지 않으려고 많이 조심했지만 큰오빠와 손잡고 학교 갈 때나 집으로 올 때는 세상에 부러운 것이 없는 콧대 높은 아이가 되어버린다.

다음 날 학교에 갔더니 어제 그린 시계 그림이 교실 뒤편 게시판에 붙어 있었다. 우수한 것만 추려서인지 하나같이 참 잘 그린 그림이었다. 미술에는 재주가 없는 나는 한 번도 게시판에 그림이나 공작 만든 것이 붙어 본 적이 없었는데 뜻밖에 내 그림도 붙어 있고 창우 그림도 있었다. 내가 봐도 창우 그림이 유난히 돋보이고 색칠도 남달라 보였다.

누가 제일 잘 그린 것 같으냐고 창우가 물었다. 내 그림을 가리키며 내 것이 제일 잘 그렸다고 했다. "네가 그린 것 아니잖아, 선생님이 그려준 거지." 하더니 휙 돌아서 가버린다. 너무 미워서 울고 싶은 걸 겨우 참았다. 나중에 생각하니 창우가 그린 것이 최고라고 말할걸, 후회가 되었다.

내가 사는 동네 한복판에 한울 광장이 있다. 광장 옆으로 눈에 잘 뜨이는 큰 건물이 벧엘교회이다. 이 교회를 상징하는 심벌마크가 무지개 모양인데 밤에 보면 채색이 아름다워 눈에 잘 들어온다.

무지개는 대체로 반원으로 윗부분이 둥그스름한데 교회 마크는 채색 선이 거의 일자형이다. 길이도 일정하지 않고 빨, 주, 노, 초, 파, 남, 보로 색을 맞춘 디자인도 아니다. 서너 개의 빛으로 만들어졌지만 무지한 내 눈에도 예술품 같아 보이고 교회를 상징한 작품 구상이 돋보인다. 성경 창세기에 인간 세상을 물로 심판하지 않겠다는 창조주의 약속의 상징으로 무지개를 만드신 기록에 비추어 참 멋진 표현이라고 생각한다.

교회 앞을 지나칠 때마다 창우가 생각난다. 무지개를 그릴 줄도 몰랐고 아무 뜻도 없이 크레용으로 황칠하듯 색색의 실선을 긋고 있었지만 창의적인 두뇌와 그림에 대한 남다른 인식을 가졌던 짝꿍, "너 무지개 그리나?" 하던 말이 교회 마크 위에 겹친다.

그림에 낙제생인 나를 비꼬아서 한 말이었을까. 생각 없이 원색만 골라서 빨강 파랑 노랑 순서로 색칠하다 보니 무지개처럼 보이기도 했으리라는 생각도 든다.

  일 학년일 때 같은 반이었지만 이 학년부터 남녀 반으로 나누어진 후로는 잊어버렸던 짝꿍 이창우, 얼굴이 동글동글하고 입술이 두껍고 귀가 쫑긋했던 기억뿐이지만 이름만은 선명하다.

  그는 제법 근사한 사회에 영향력 있는 사람이 되었을 거라는 생각이 든다. 그도 할아버지가 되었을 것이고 나도 할머니가 되었지만 무지개를 좇아가는 소녀처럼 꿈인 듯, 기억 뒤편에 숨겨놓고 잊어버린 보석 하나 찾아내어 잠시 여덟 살 천진난만天眞爛漫한 어린아이로 돌아가 지금을 잊었던 행복한 시간이었다.

할아버지의 등

　고치지 못하는 뿌리 깊은 근성이 있다. 속상하면 대청소를 하고 우울하면 빨래를 하는 버릇이다. 손이 닿지 않는 구석구석 먼지까지 털어 내고 나면 마음도 맑아지고 맺혀있던 응어리가 풀리는 기분이다. 집안의 자잘한 소품들까지 자리바꿈하고 나면 한결 기분 전환이 된다.
　정도가 지나치다는 식구들의 원성을 귀 밖으로 들으며 틈만 나면 장롱을 이방 저방 위치를 바꾸어 놓고 혼자 즐거웠다. 그러나 단정하게 진열된 붙박이 옷장이 들어오면서 장롱의 위치 변화는 멈추었다.
　든 버릇이 어디 갈까. 변화는 새로움이라는 캐치프레이즈를 외치는 주인 등쌀에 진열장 안이나 탁자 위에 놓인 자잘한 것들이 몸살을 앓는다. 여행지나 길거리에서, 청계천 끄트머리 고물상에서 흔치 않은 것이 눈에 뜨이면 사다 날랐다. 화병이나 촛대들, 백여 개의 탁상시계와 사용하지도 않는 향수병들이다. 아이들은 엄마가 즐겨 가지고 노는 장난감 정도로 생각하지만 버릴 것이 없는 나의 귀중품이다.

취미도 가지가지라는 핀잔을 들으며 모은 것이 세월의 흔적을 말해주는 듯 나와 동거하며 지나온 세월이 얼마인지 가늠이 되지 않는다. 잊어버리기 쉬운 여행지의 기억도 살아나고 지나간 날들을 찾아 주는 나의 눈 안의 필름들이다.

길 가다 운이 좋아 만난 노점상에서 얻어낸 태엽을 감아주면 지금도 제 구실을 하는 자명종 시계, 프라하에서 깨어질까 마음 졸이며 가져온 물빛 화병의 영롱한 얼굴, 열네 개의 촛불을 밝히는 촛대는 성탄절이면 제 몫을 단단히 하는 애장품이다.

숱한 재배치의 소용돌이 속에서 움직이지 않고 제자리를 지키는 작은 액자 하나가 사방탁자 위에 앉아있다. 이사 온 지 이십여 년이 가까운데도 처음 자리에서 유일한 붙박이다. 들며 날며 눈에 잘 뜨이는 곳에 두고 자주 보고 싶기 때문에 자리에 변화가 없다.

할아버지가 네 살 된 손녀를 업고 있는 이 사진은 남의 눈에는 관심 밖이고 예사롭겠지만 내게는 어느 명화보다도 소중하고 정이 간다. 할아버지의 손녀 사랑이 언제 보아도 애틋하고 따뜻해 보인다. 글로써 표현이 어렵다. 첫 손녀라 더 그럴까. 아이도 어른도 참 행복한 모습이다.

할아버지 등에 한쪽 볼을 붙이고 양손으로는 할아버지 허리를 감싼 손녀는 반쯤 감은 실눈을 하고 있다. 잠이 들 듯 말 듯 세상에서 가장 편안한 얼굴에, 입가에는 살포시 웃음이 번지는 세상에서 더없이 행복한 아이로 보인다. 할아버지는 등에 업힌 아이를 보려고 얼굴을 뒤로 돌리고 눈웃음이다. 아이의 체온에서 느끼는 달콤한 향기에 매료된 모습이 세상 것을 다 소유한 표정이다. 할아버지의 더없는 웃음과 요람 같은 편안함에 지그시 감은 눈을 보면 어떤 명화와 견줄 수 있을까 싶다.

 손녀를 업었을 때만 해도 할아버지는 한참 젊었다. 아이를 업고 하루 종일 걸어도 허리 아픈 줄 몰랐고 힘들지도 않았을 나이다. 안아도 업어도 그냥 행복한 할아버지였다. 말수도 웃음이 적은 할아버지가 손녀가 태어난 후로 말이 늘고 웃음이 많아졌다.

 어찌 손녀뿐일까. 아들딸들을 키우며 우마의 등이 되어 '이랴' 껄껄 타고 놀던 아이들의 마차 안장이었다. 넓고 포근하고 든든한 쉼터였던 아빠의 등은 아내인 나에게도 쉬고 싶을 때 기대고 싶은 푸근한 사랑이었다.

 그의 따뜻한 정은 식지 않았는데 미덥던 등은 쇠하여져서 황량하다. 찬서리 맞은 나무처럼 힘이 없어 보인다. 나의 장기자랑 같은 집안의 환경변화의 열정도 멈춘 지 오래다.

 마주 보는 노안에 웃음 잃지 않고 손을 잡는다. 온기로 전해지는 고백 한마디가 오고 간다. "사랑해요."

꿈을 꾸는 서장대

　나이가 더해 갈수록 그리운 곳이 고향이다. 잊어버린 날들을 찾아 진주에 가면 진주성이 보이는 곳에서부터 옛 기억을 더듬으며 천천히 걷는다. 어느새 발길은 서장대에 닿는다. 섬돌 위에 앉아 시를 쓰며 시인의 꿈을 꾸던 곳이다.
　서편의 넓은 평거 들판도 간곳없고 한눈에 들어오던 개량 다리와 클로버가 하얗게 피던 긴 제방堤坊도 없어졌다. 호롱수다리가 있던 자리에 천수교가 유여하다.
　문득 "비봉산 허리에 아지랑이 기리고 의곡사 골짝에 풀국새가 울며는 이 언덕 저 언덕에 삼삼오오三三五五 작반作伴해 나물 캐는 처녀들의 노랫소리 고와라." 노래 한 소절이 튀어나온다. 그 옛날 목가牧歌의 소리는 잃었지만 줄지어 선 아파트와 빌딩들이 시대에 어울리게 발전한 고향의 풍요를 일러준다.
　어릴 적에 뛰어놀던 백사장과 나물 캐던 평거 넓은 들이 그립다. 소중한 것은 가슴에 새긴다는데 가만히 묻어두고 생각날 때 꺼내어 보기로 하자. 남강이 있고 망진산이 있고 이렇게 내가 놀던 서장대도 그대로이고 반겨주는 촉석루도 의암도 있지 않는가.

　백일장에서 시제詩題를 기다리며 가슴 뛰던 비봉루도 그대로다. 중앙시장에 들어서면 귀에 익은 어머니의 소리도 들린다. 투박한 사투리가 얼마나 정다운지 이게 바로 그립던 고향이구나 싶다.

　서장대 아래 지금은 박물관이 자리 잡은 어디쯤 우리 집이 있었다. 안성안이라고 불리던 남성동이다. 포정사를 지나 옛 도청 청사가 있던 넓은 마당과 아름드리 포구 나무가 서 있던 아늑한 동네였다. 낮은 담장 너머로 촉석루가 보이고 남강도 보이던 우리 집, 결혼하던 날 직장 동료들을 초대하여 피로연을 가졌던 나의 집이 어디쯤인지 걸음걸이로 재어보건만 가늠이 되지 않는다.

　우리 집 감나무는 그늘이 장독대를 덮을 만큼 고목이었다. 감꽃이 흰 눈처럼 마당 가득히 내려앉았다. 감이 익으면 큰 항아리에 쟁여놓고 겨울에 꺼내 먹던 홍시의 맛을 잊을 수가 없다. 석류나무 옆에 수도가 있었고 수돗가는 식구들의 세면장이었고 넓적한 돌판 옆에는 항상 빨랫방망이가 놓여 있었다.

　꽃밭에는 보라색 과꽃이 피고 마당 구석진 곳에 꽈리가 소담하게 열리던 곳, 봉숭아와 접시꽃 모란이 피던 꽃밭이었다. 붉은 벽돌 담장 위에 줄지어 앉아 있던 화분들, 모두가 지울 수 없는 그리움이다.

　시간에 구애받지 않고 찾아왔던 서장대 섬돌은 글을 쓰는 글방 같은 자리였다. 남강과 들과 산을 보며 해넘이 노을에 취해서 저녁 때가 되는 것도 잊고 있을 때, 동생이 찾아와서 항상 하는 말이 "엉가 여기 있을 줄 알았어. 또 시 썼나?" 하던 곳이다.

호국사와 창열사의 고색창연함은 여전하다. 동편으로 우리 고향의 얼굴인 촉석루는 나그네를 기다리듯이 관문인 진주교에서 잘 보이는 위치에 위풍도 당당하다. 애국의 피가 흐르는 논개의 의암은 호국과 붉은 절개의 상징으로 우리를 깨운다.

고향을 묻는 이도 반갑고 진주 어디에서 살았느냐고 물어오면 더 반갑다. 서부 경남의 유일한 도시이고, 우리나라 광복 후에 최초의 예술제가 열린 곳이 진주라고 자랑할 때 나의 목소리는 한 옥타브 높은 고음으로 바뀐다. 영향력 있는 인재를 많이 길러낸 교육의 도시다. 충절이 배어있고 전통문화와 교육이 어우러져 있는 고향이 자랑스럽다.

도시 한복판으로 흐르는 남강 가에 선다. 남강을 품은 동네에서 태어나고 자라면서 두어 번 이사하였지만, 남강 주변을 벗어나지 않았으니 남강 백사장은 어린 날의 놀이터요 꿈을 키웠던 꿈터였다.

지금은 망경로를 따라가면 문전까지 자동차가 닿는 약수암은 지척이다. 엄마 따라 약수암 가는 날은 웃 남강에서 나룻배를 타고 건넜다. 칠봉산 험한 산길을 굽이굽이 돌고 돌아가야 했다. 과수원이 즐비한 굴바위에 나루터가 있었지만 약수암 가는 배는 초하루

보름에만 사공이 있었다.

웃 남강 빨래터에 어머니를 따라가면 여름에는 빨래가 끝날 때까지 남강에서 멱을 감았다. 백사장에 구덕을 파면 물이 솟아나서 어항이 되는데 고무신으로 잡은 송사리를 가두어 두는 재미가 있었다. 봄이면 양지바른 언덕에서 냉이를 캐던 동화 같은 날도 있었다.

철없던 나이에 겪은 전쟁의 포화를 피하여 피란 간 곳도 남강이다. 물속에만 있으면 폭격을 피할 수 있었다. 강물에서 종일 지내다 보면 뜨거운 여름에도 소름이 돋고 오한이 든다. 따끈한 모래사장으로 나와 뒹굴기를 거듭하다가 어두움이 내릴 때 집으로 돌아간다. 전쟁의 무서움에 떨던 여름 한나절이었다.

어머니 품이 그립고 그 푸근한 가슴에 안기고 싶을 때 찾아가는 고향, 그리움에 목이 타고 갈증을 참다가 음력 시월이 되면 바람난 여자처럼 채비를 서둔다. 개천예술제가 바람이고 생수다. 나를 키워준 고향은 그리움이고 사랑이요 어머니다.

어느 시인이 그랬던가. "그대가 곁에 있어도 나는 그대가 그립다"고 하더니 나도 그렇다. 고향에 와도 나는 진주가 그립다.

온도 차이

　스산한 바람이 분다. 계절도 건너뛰기를 하나 보다. 가을인가 싶었는데 겨울처럼 바람이 차게 느껴진다.
　유난히 추위에 민감한 남편 때문에 도톰한 이불을 챙기며 올겨울은 내 기준보다 남편의 온도에 맞추자고 다짐한다.
　지난겨울 추운 날이었다. "엄마, 아빠하고 다퉜지?" 다그치는 딸의 전화 속 목소리다. "아니 다투긴 왜?" "엄마 목소리 들으면 다 알아. 엄마는 KO승, 아빠는 KO패."
　딸에게 엄마는 항상 아빠를 이기는 것으로 보였을까. 세상에서 가장 어려운 것은 사람의 마음을 얻는 거라는데 하나뿐인 딸의 마음도 얻지 못한 것이 서운하다.
　"언제 너희 아빠하고 싸웠다고 단정 지어 말하니?" 하고 다그쳤다. "엄마 화났어?" 하는 딸의 말이 끝나기도 전에 전화를 끊고 생각하니 억울하다. 압승을 거둘 만큼 박 터지게 다툰 적도 없는데, 내 몸처럼 생각한 딸한테 날벼락을 맞은 것처럼 정신이 산란하다.

가까운 사람한테 인정받기가 어렵고 그 기준 또한 정확하기 때문이다.

　50년을 넘게 같이 살면서 웃을 일만 있고 춤출 일만 있었을까. 때로는 집 떠나고 싶을 때도 있었고 혼자 눈물지을 때도 있었다. 그런 시절도 젊어 한때 겪어야 할 홍역처럼 생각하는 여자가 나뿐일까. 지금은 눈치의 화신이 되어 이해심 많고 다정다감한 여자가 되려고 필사적으로 분투노력하건만 몰라줄 때 섭섭하다가도 건강만 해 주기를 바랄 뿐이다.

　혈기 왕성하고 당당하며 기가 충천해서 가슴 펴고 살아온 남편이 혹시라도 기 꺾일까 주눅 들까, 마음 다칠세라 적당히 상황 판단해 가며 눈치 살피며 살아간다. 예민하고 빈틈없는 분 앞에 말 한마디도 허투루 하다가 큰코다칠라 물 위를 걷듯이 조심조심이다. 내겐 남편이기보다 상전이 따로 없다.

　가정도 작은 사회다. 모든 결정권은 남편에게 있고 다달이 들어오는 연금도 출납집행을 남편이 혼자 맡아 한다. 나는 연금의 그림자도 본 적이 없지만 불평한 적도 없다.

　세금이 나오는 달이나 명절, 특별한 지출이 있을 때는 미리 알아서 준비해 주니 신경 쓸 일도 없다. 헛되게 낭비를 하는 분이 아니라서 그이 손에 있으나 내 손에 있으나 마찬가지라는 생각을 하니 나도 편하고 남편도 불만은 없어 보인다.

　엄마의 생활 기준과 형평에 맞는 가계 운영을 거울로 보듯이 훤히 알고 있는 아들딸이 항상 넉넉하게 나의 필요를 채워주니 더 바라는 것이 욕심이다.

곰곰이 생각하니 딸의 말이 켕긴다. 엄마한테 무심코 한 말은 아닌 것 같고 편 가르기를 한다면 분명 딸은 내 편은 아닌 것 같다.

아들이 퍼뜩 떠올랐다. "얘, 실없는 말 같지만 옹졸한 질문 하나 할게, 이해하고 들어라. 아빠하고 엄마하고 자주 다툰다고 생각하니?" 아들에게 질문한다. 서슴없이 튀어나온 아들의 대답은 "엄마 아빠가 다투시는 것은 온도 차이 때문이지요. 가장 추울 때와 가장 더울 때 다투시잖아요. 저는 어머니 마음 이해합니다." 이해한다는 아들의 한마디는 분명히 내 편으로 들린다.

추위와 더위를 누구보다 잘 견디는 엄마를 어릴 적부터 익히 겪어왔던 우리 아이들, 겨울이면 난방 온도를 올리는 아빠와 내리는 엄마, 여름이면 에어컨 켜는 아빠와 선풍기 켜는 엄마, 추위도 더위도 견디지 못하는 아버지와 웬만하면 잘 견디면서 낭비 없이 살자는 엄마 사이, 불협화음의 범인은 특히 겨울이다. 보이지 않는 매듭을 풀어야 할 사람은 주부인 나라는 것을 깨닫고 보니 늦은 감이 든다.

주택에 살 때 따뜻한 겨울을 지내려면 최소한 아래위층 열다섯 드럼의 연료가 필요했다. 내 가계부에서 그만큼의 지출은 수입에 비해 적자였다. 집에서도 파카를 입었던 겨울을 기억하는 아이들은 나의 생활의 증인들이다. 추운 겨울나기를 겪은 아이들은 주택을 싫어했고 아파트로 이사할 때도 아이들이 원해서였다.

나의 생활 방식은 예나 지금이나 그 습관을 벗어나지 못하고 난방의 온도를 줄인다. 남편이 맞춰놓은 온도를 낮추어야 직성이 풀리는 고질적인 내 성품도 문제다.

방도 후끈해야 하고 거실도 훈훈해야 한다는 남편과 달리 따뜻한 옷이 있고 포근한 이불이 있는데 집에서 얇은 옷을 입어야 할 이유가 무엇인지 상식을 넘어 이해가 안 된다. 오히려 지나친 절약 근성에 반항이라도 하는 듯 나는 미지근 그는 후끈, 맞지 않는 궁합이다. 절약해 봐야 겨울 한 철 여름 한 철인데 남편 심사 맞춰주자고 다짐을 한다.

둘만의 갈등은 자주 시빗거리가 되어 아이들 눈에 다툼으로 보이게 한 것은 나의 불찰이다. 지나치다고 불평할 때 꼬여진 매듭을 풀어야 하는데 뿌리내린 근성을 버리지 못한 과실이 크기만 하다.

성탄절이면 며느리가 항상 봉투를 쥐여주며 "어머님 이건 난방비로 드립니다. 겨울에 따뜻하게 지내시고 감기 드시면 몸도 상하고 병원비도 많이 듭니다." 그때 알아차려야 하는데 미련해서 용돈으로 주는 줄 알았다. 겨울에 우리 집에 올 때마다 아이들이 추웠던 것을 눈치채지 못한 어리석은 엄마였다.

어림짐작으로 엄마한테 한 말이 걸렸던지 다시 전화가 왔다. "엄마는 추위도 잘 견디지만 아빠는 추위에 약하시잖아." 결국 완패한 사람은 엄마다.

체질화되어버린 절약의 근성을 이해하는 아들과 이해 못 하는 딸, 내 편이든 저편이든 어떤가. 엄마와 아빠의 사랑을 먹고 자란 위대한 나의 후원자들이다.

어릴 적에 문풍지가 파르르 떨리던 겨울, 창호지 바른 영창에 밖을 볼 수 있는 쪽유리에 뽀얀 성에가 끼면 추위를 알아채고 이불을 뒤집어썼던 그 겨울에 비하면 추위타령은 호강에서 나온 투정이 아닌가 싶다.

올해는 남편이 원하는 온도 따라 발맞추며 겨울을 지내자. 두꺼운 이불보다 가벼운 이불, 옷도 살랑하게 입자. 아이들 걱정도 덜어주고 가정의 평화를 위하여 해묵은 나의 고집을 내려놓는다. 그러나 짐작건대 필요한 만큼과 낭비 사이에서 여전히 나는 갈등할 것 같다.

안스리움

인연은 만들어서 맺어지는 것도 아니고 찾아서 얻는 것도 아니다. 우연히 어쩌다가 말 그대로 옷깃을 스치다가 맺어진 인연이 참 인연이지 싶다.

거실 가득히 붉은 안스리움이 냉랭한 집안에 훈기를 풍겨 준다. 들여다보고 만지면 반가움에 손을 흔들며 웃는 것처럼 보인다. 마음씨 고운 새색시의 얌전한 얼굴에 폭이 넓은 청치마를 두른 듯 연잎처럼 넓은 이파리는 여유 있는 대갓집 여인의 차림이다.

6년 전에 화원을 하는 친구 집에서 공기정화에 탁월한 식물로 꽃도 예쁘다며 안스리움 한 포기를 얻어왔다. 보일 듯 말 듯한 작은 꽃 한 송이가 피어 있지 않았다면 데려오지 않았을 것이다.

향기도 없고 탐스럽지도 않았다. 단지 수줍은 듯 피어 있는 하트 모양의 붉은 꽃송이 하나 때문에 탁자 위에 자리를 마련해 주었다. 베란다에 두기엔 안쓰러워 거실에 두었지만 초라한 형색이 볼품이 없었다. 눈도 마주치는 식구도 없고 관심 밖의 생명이 외면당한 채

비어 있는 자리에 군식구처럼 앉아 있었다.

　물을 주다가 속잎의 마디 사이로 내어 미는 아기 입술 같은 작은 꽃망울 서너 개가 올라오는 것이 보였다. 순간 생명체의 안간힘을 보았다. 살고 싶고 대우받고 싶은 근본정신이 눈에 들어왔다. 초라한 플라스틱 화분에 담겨 있을 생명이 아니었다. 청잣빛 도자기 화분으로 거처를 옮겨주었다.

　넝마를 걸쳤다가 비단옷을 두른 듯, 양가댁 규수의 자태다. 초가에서 기와집으로 이사한 사람처럼 멋지고 돋보였다. 꽃망울을 여러 개 품은 자태가 얌전하고 귀태가 난다. 격상된 품위가 갓 시집올 때와는 달리 청초하고 고상한 모습으로 거실의 마돈나가 되었다.

　이사 오며 그 많던 화분을 동네방네 나누어 주고 이곳으로 온 후에 꽃이라고는 없던 우리 집에 새바람을 일으킨 6년 동안의 그의 공로는 대단하다.

　계절을 타지 않으니 사시사철 피고 지고를 거듭하며 본연의 모습을 과시하였다. 사랑받기에 참 적당하게 성장하면서 곁가지가 나오면 딴 살림을 차려 주기를 반복했다. 독립된 자식은 어미의 손을 벗어나 또 새끼를 친다. 할머니에서 손자까지 한 울타리 안에서 옹기종기 산다.

　때로는 슬픔 당한 이의 위로로, 대학 합격 축하로 내 이름을 걸고 이들이 집을 떠날 때 내 기쁨은 하늘을 나른다.

친구 손녀가 열아홉 어린 나이에 백혈병으로 부모의 가슴에 아픔을 남기고 세상을 떠났다. 위로의 말을 찾다가 안스리움을 안고 찾아간다. 손녀 보듯이 키워보라고 아이의 사진 옆에 앉혀 주고 돌아오며 조금이라도 위로가 되었으면 싶었다.

삼수三修 후에 대학에 합격한 윗층의 막내딸은 새벽기도 가는 나와 자주 마주쳤다. 삼수의 상징으로 2년 자란 안스리움으로 축하를 대신했다. 화분을 안고 좋아하는 그의 얼굴은 안스리움보다 예뻐 보였다.

햇볕이 오래도록 머무는 베란다를 차지하고 살아가는 안스리움 식구들, 나와 첫 인연이었던 조상 격인 큰 화분에 몸을 담은 녀석이 힘이 없어 보인다. 의젓한 어른처럼 호령이라도 할 듯이 당당했는데 새움을 많이 배출하여서 진액이 다했는지 윤기도 없어지고, 실하고 매끈하던 몸통도 구부정하고 거칠어졌다. 영양제를 주어도 반응이 없고 꽃도 맺지 않는다. 수명의 한계가 왔는지 애처롭다.

꽃은 만년 꽃일 줄 알았는데 식물도 수명이 있나 보다. 해마다 여러 번 분가를 시키며 행복했는데 나이 들면 쇠하여지는 것이 순리요, 사람이건 식물이건 어쩔 수 없이 떠나야 하나 보다. 너도 가고 나도 가는 것인가. 생명의 한계 앞에 버틸 수 없는 그 초라함이 슬프다.

아주 작은 몸매에 엄지 마디만큼 작은 꽃을 달고 내게로 왔던 날, 어린아이처럼 참 귀여웠다. 해마다 자라며 왕성한 체력과 화려한 청춘을 과시했다. 달마다 새순을 해산하던 그 야무진 번식의 기쁨은 어디에 갔을까. 새싹을 두 손으로 조심스레 새 화분으로 옮기며 대대로 이어지는 그들만의 세계가 흐뭇한 즐거움이었다.

그는 더 이상 꽃이 아니다. 버림받을 수밖에 없는 시든 풀이었다. 그러나 그의 넋으로 남아 있는 꽃들을 바라보며 "너의 혼은 여기 있으니 화창스런 봄바람에 환생키를 바라노라." 이 한 소절을 읊으며 작별 인사를 한다.

밥순이

친구들이 모이면 열을 올리며 시부모 섬기며 시중들고 살아온 마지막 세대라고 소리를 높인다. 공감대를 형성하며 맞장구를 친다. 나라를 일으켜 세운 기수들처럼 기가 팔팔 살아있다. 소위 말하는 꼰대들의 합창이다. 나이는 먹을 만큼 먹었지만 오기도 있고 아직도 원더우먼처럼 행세하는 우리들이다.

우리들의 젊은 날에도 요즈음 MZ세대 부럽지 않은 멋지고 아름다운, 두려울 것이 없는 콧대 높고 도도했던 시절이 있었다. 심지어 꽁무니를 따라다니던 사람도 있었건만 흘러간 개꿈이다.

만나고 싶으면 집집마다 아련한 불빛이 새어 나오는 초저녁, 우리 집 근처를 배회하며 세레나데가 아닌 '가고파'를 부르기도 하고 나의 꽃 이름인 '한 송이 흰 백합화'를 부르기도 했다. 대문을 두드릴 용기는 없고 전화도 없던 시절 목소리를 전하는 것이 가까이 왔다는 신호였고 잠깐만 나와 달라는 통지문이었다.

결혼하면 공주처럼 받들어 주리라 믿었건만 임금을 모시는 무수리로 전락하는 데는 오랜 시간이 걸리지 않았다. 자신을 낮추고 현실에 적응하면 그럭저럭 인생길을 편히 넘길 수 있지만 꽁무니 쫓아다닐 적 생각하다가는 병이 든다. 이것이 화병이고 우울증이다. 속으면서 사는 것이 여자의 인생임을 알아차려야 똑똑한 여자가 된다.

"세월은 그렇게 흘러 여기까지 왔는데 인생은 그렇게 흘러 황혼에 기우는데" 어떤 흘러간 노래의 가사처럼 말이다.

이제야 정신을 차려보니 남편이 다시 꽁무니를 잡는다. 이제는 죽어도 놓치고 싶지 않은 강력한 힘을 발휘한다. 병원에 가는 길도 내가 앞서고 남편이 뒤따른다. 택시 콜도 내가 하고 인터넷으로 쇼핑하는 것도 내 차지다.

가장 힘든 것이 삼시 세끼 밥상이다. 하루에 두 끼만 먹고도 탈 없이 잘 사는 친구들을 보면 참 많이 부럽다. 세끼를 꼬박꼬박 챙기며 구시대적인 주부로 살아가는, 말 그대로 밥순이가 되어 버린 처량한 모습이다. 우리 어머니는 이 나이에 차린 밥상 받으셨는데 나는 차려서 바치는 신세다.

간단하게 암산해 보았다. 한 끼를 준비하는 데 소요되는 시간과 노동, 경제적인 손실까지 더하면 손해의 지출명세서가 나온다. 두 끼 밥상으로 현명한 생활 설계를 하면서 편한 삶을 누리고 사는 친구는 첨단으로 가는 신세대 같아서 부럽다.

코로나 이전에는 외식도 하고 모임도 자주 있었으니 이렇게 총

총 세끼를 찾아본 적이 없다가 갇혀 사는 동안 자고 나서 눈 비비며 조반 준비, 돌아서면 점심, 쉴 틈도 없이 저녁 준비, 마치 밥 먹으러 세상에 태어난 것 같다.

얕은 머리를 굴려서 찾아낸 아이디어가 아침을 열 시 가까이 준비해 보는 것이다. 점심을 세 시쯤에 해결하고 나면 저녁 한 끼는 거르는 것으로 제법 가능한 계산을 했다. 두 끼지만 세끼 같은 바로 두 수數나 식式이 같을 때 등식等式이 되는 것처럼 수학적인 풀이를 해 보았다.

세 시쯤에 점심 식사를 하고 컴 앞에 앉아 자판을 치고 있었다. 등 뒤에서 낮은 음성이 들린다. "여덟 시가 다 되었는데 저녁은 안 먹나." 내가 기대했던 정답은 아니었다. 저녁 식사 후에 반드시 먹어야 할 약이 정답을 방해하고 있을 줄은 몰랐다. 쉽지 않은 수학 문제를 다루다가 풀지 못하고 말았다.

그렇다. 나이가 들수록 느는 것이 약이고 주름살 아니던가. 탁자 위에는 약병이 진열되어 있다. 탁자 맞은편 눈높이 벽에 시간 맞춰 먹도록 시간표를 붙여 놓았다. 결식을 못 할 이유가 여기에 있었다.

약 힘으로 산다는 말이 맞는 것 같다. 남의 사정 부러워 말고 저녁은 충실하게 먹기로 결정을 내렸다. 그것이 오래 살기 위한 수단이고 방법이라니 달리 도리가 없다.

요즈음 금요일이면 글공부하러 간다. 수업이 끝나면 아쉬움을 채우려고 커피집에서 뒤풀이할 때가 더러 있다. 글을 쓰는 분들은 대화가 글이 되고 글감도 얻는 기회임을 알면서도 네 시 반이 지나면 초조해진다.

다섯 시 퇴근 시간이 맞물리면 광화문에서 출발한 버스가 서대문에서 도착했을 때는 빈자리가 없다. 다섯 시 전에 타지 않으면 시원찮은 다리로 한 시간 반을 버스 안에서 서서 가야 한다. 모임에서 눈치도 안 보고 꽁무니를 빼 버스정류장으로 달려간다. 저녁 준비가 바쁘다.

밥순이라는 직함을 피할 길은 없다. 수당도 보너스도 없고 승진의 기회도 없지만 평생직장이라 사표 낼 일도 없다. 세끼 밥만 잘해 바치면 평생 배고프지 않고 살아가는 데 별 지장도 없다. 해 넘어가기 전에 저녁 준비를 한다.

가요는 역사다

온 나라가 아니 세계가 전염병으로 전쟁을 겪고 있다. 밤늦은 시간이지만 이 때를 놓치지 않는 것은 모든 불안을 잊어버리게 하는 '미스터 트롯' 시간이기 때문이다. 이 시간만이라도 웃고 웃으며 아직은 무사함을 확인하면서 공포에서 벗어난다. 살아 있는 자가 즐길 수 있는 유일한 시간이다.

노래를 들으며 울기도 하고 웃기도 한다. 그럼 맞아 그렇지 하고 장단을 치며 맞장구를 친다. "사랑한다는 말 한마디 해 준다면 사막을 걷는다 해도 꽃길이라 생각할 겁니다." 이 대목에서 내 눈엔 강이 흐른다. 살아 있음의 증거다.

아이돌이나 걸그룹의 춤과 노래는 황홀하기보다 불안하다. 쏟아지는 조명은 빗줄기처럼 흔들리고 눈이 부신다. 흥에 겨워 춤추고 열광하다가 잦아져 버리는 메아리도 없는 노래, 가사는 무슨 말인지 들리지도 않고, 의미도 뜻도 몰라 기억에도 없이 사라진다. 유령들의 광란의 잔치 같다.

가요의 매력은 기억에서 지워지지 않고 흘러 흘러간다는 것이다. 흘러서 사라지는 것이 아니라 되돌아온다. 잊었다가도 부딪히면 흔들어 깨우듯 되살아나는 노래, 우울할 때 푸념으로 부르고 춤추고 싶을 때 환희의 노래가 되고 잊어질까 하면 찾아와 가슴을 따뜻하게 품어주는 묘한 음악이요, 사랑의 애송시다.

새로운 노래를 따라 하지 못하는 뒤처진 인생이요 구세대임을 인정한다. 우리들은 팝송이나 발라드의 바람을 타고 살아온 세대다. 신세대를 이해 못 하는 묵은 시대의 사람이지만 감정까지 옛날일까.

눈물과 이별, 가난과 아픔을 새김질하는 가요는 역사이고 우리의 삶을 대변하는 기록이고 보증이다. 대중이 좋아해서 대중음악이지만 나 또한 대중 속에 점 하나인 인생이다.

'미스터 트롯'에 열광하는 국민이 그렇게 많을 줄은 몰랐다. 우리 모두 한마음인가 보다. 가사 외우기도 어렵고 곡도 어려운 지금의 노래는 싫다.

가요 속에는 엄마의 얼굴이 보이고 그리운 사람이 보인다. 아득히 잊으려 했던 가난도 보이고 전쟁을 겪은 고난의 역사가 소복하다. 울고 싶으면 울고 신날 때 함께 웃을 수 있는 대중음악은 지나온 한 시대를 기록한 역사이다.

언니 오빠가 불렀던 노래를 내가 부른다. 내가 부른 노래를 아이들이 부를 것이다. 옛 노래를 들으면 잊고 지낸 지난날들을 곁에서 이야기해 주는 듯, 사실적인 물음에 답을 해 주는 것 같다.

 부를 줄은 몰라도 가사들을 기억해 본다. 그것은 그리움이고 참고 살아온 숱한 세월을 이겨낸 기록이다.

 굳이 사회나 역사를 공부하지 않아도 잃어버린 시대를 찾아주는 참고서 같은 가요가 좋다. 낭랑하게 부르던 옛 가수들은 떠나고 없어도 노래는 우리 곁에 머물고 있으니 얼마나 큰 위로인가.

 6.25 전쟁 이후 부모 형제를 잃은 아픔을, 보릿고개의 배고픔을, 고향 잃은 슬픔을 누가 달래 줄까. 가요만큼 절절한 시도 없고, 달래주고 품어주고 토닥거려 줄 위로의 말도 없다.

 가요에는 두고 온 고향이 있고 헤어진 사랑이 있으며 손을 흔들며 배웅하던 보고 싶은 어머니가 있으니 그 가운데 읊어야 할 시어들이 줄줄이 우리의 여린 가슴을 따뜻하게 한다.

 고향이 그리움이 이별이 가난이 헤어짐과 만남이 모두가 우리의 삶이 아니던가. 잊었던 그 시절을 기억나게 해 주는 순수한 노래를 유행가로 비하하지 말자.

 어떤 클래식이 어떤 지식인의 훈계가 팬데믹의 공포에 싸인 우리를 순간만이라도 해방시켜 줄 수 있을까. 가슴을 파고드는 깊은 샘 같은 노래가 잠을 포기하고 트로트를 듣게 하는 이유이다. 우리 가요는 아름다운 시詩요 역사다.

그 사랑, 내 영혼의 반석

열두 살 아이였을 때 하나님을 처음 만났다. 다가서기도 어색하고 맞이할 준비도 없는 어설픈 만남이었다.

엄마가 이끄는 대로 교회를 갔으니 내 의사는 아니었다. 주일학교 선생님이 시키는 대로 고개 숙이면 기도였고 찬송을 따라 부르며 친구들을 사귀는 것이 즐거웠다. 교회는 일요일에 한 번씩 가는 놀이터에 불과했다. 예수님은 교회를 위해 세워진 상징으로 생각했으며 뜻도 의미도 모르고 반응할 수도 없는 교회 생활이었다.

자라면서 도덕적이거나 교훈적으로 생각했던 형식의 탈을 조금씩 벗어나면서 하나님이 내 곁에 계신다는 느낌이 어렴풋이 들기도 하였다. 교회는 피할 수 있을 만큼 거리를 두었고 절대자나 소중한 분으로 생각지 않았다.

바쁘면 잊어버리고 생각날 때만 어머니의 간절하심을 들어주는 것이 딸이 해야 할 도리고 의무라는 생각에 교회를 찾아가곤 했다.

교회 친구들이 사랑한다는 말을 하면 거짓말처럼 들려서 싫었지만, 아프거나 힘들 때 막연히 하나님이 나를 지키고 있을 것이라는 기대를 하면 위로가 되었다. 그러나 순간적이었다.

　공부를 잘하는 것도 좋은 직장에 취업하는 것도 내 능력이고 내 재주라고 생각하였다. 하나님이 절대자라는 생각은 없었지만, 주일이면 누가 기다리지 않는데도 교회 가는 것이 습관처럼 익숙해졌다.

　서른 살이 되던 해에 어렵게 태어난 아기의 생명이 경각에 달렸을 때 세상 앞에 살려 달라고 외쳐도 보고 울어도 보았다. 모두가 나를 외면하고 대답하는 이 없었다. 절망의 그늘이 나를 드리우고 무서운 외로움에 몸부림을 치다가 섬광처럼 떠오른 것이 기도였다.

　하나님은 언제나 3등이라는 어느 분의 말이 떠올랐다. 내 힘으로 해보는 것이 1번이고 사람을 의지하는 것이 2번, 그 모든 것이 불가능할 때 마지막으로 찾는 3번인 예수님. 그래서 주님은 항상 3등이라고 했다.

　주치의마저 포기하라는 아이를 살리기 위한 마지막 선택이 기도였으니 나쁜 엄마요 어리석은 엄마였다. 아이를 안고 달려간 그 새벽에 처음으로 하나님을 아버지라고 불렀다. 기도는 하나님을 만나는 자리임을 깨닫는 데 얼마나 많은 시간을 허비하였던가.

　아기를 안고 달려간 어느 날 새벽, 기도 중에 빛난 광채로 오신 주님 앞에 아이를 내려놓았다. 하늘 문이 열린 듯 쏟아지는 환희의 기쁨이 나를 에워쌌다. 가야 할 길이 보였다.

그해 여름, 애원하는 기도에 나를 찾아오신 예수님, 어둠을 가르고 환하게 빛으로 오신 주님의 형상에 눈을 뜨지 못했다. 오만과 탐욕에 찌든 내 모습은 간데없고 하나님의 딸로 태어나는 기쁨에 울었다. 지금까지 지내온 세상이 아닌 새로운 탄생의 기쁨이고 꿈을 꾸는 듯 황홀한 순간이었다.

선하신 자비와 인자하심이 강물처럼 흐르는 그 새벽의 하나님은 쳐다볼 수 없는 광채이셨고 푸른 바다 같은 옷자락의 스침을 느꼈다. 사랑의 불이 전해지는 마디마다 기쁨이 샘솟고 숨어 있던 맥들이 깨어났다. 잠자던 혼이 환희의 노래를 부르고 하늘 문이 열리는 기쁨이었다.

아기는 꿈처럼 깨어났다. 세상이 포기한 생명을 다시 내게 돌려주신 나의 구세주. 그의 말씀은 발등의 등불이며 생명의 근원이고 어두움의 빛이셨다. 내가 그의 낯을 피해 어디로 가며 그의 눈을 피해 어디에 숨을까. 너는 내 것이라 인을 치시고 조건 없는 아가페의 사랑으로 감싸주셨다. 갚을 길 없는 은혜에 새벽 시간을 평생토록 드리겠다고 서원을 드려도 부끄럽다.

세상일에 흔들릴 때 굳게 잡아주시고 영적인 사람으로 바로 세우시니 방황하던 영혼이 가장 행복한 사람이 되었다.

태양이 보이지 않을 때 태양이 있음을 믿는 것처럼 보이지 않지만 거기 계시고 들리지 않지만 말씀하시고 그림자처럼 곁에 계시니 세상에 두려울 것이 없다.

식사 때마다 보이지 않는 손님으로 우리의 식탁에 초대되시고 우리의 대화를 말없이 들으시며 자비의 손으로 지켜 주신다. 높은 보좌보다 낮은 자리에 오시고 마음이 가난한 자의 편이시며 의인보다 죄인을 찾아오셨기에 나도 그 대열에 설 수 있었다. 많이 가진 자보다 동전 두 푼 가진 자를 눈여겨보시는 사랑의 주님.

정한 새벽 시간은 날씨에 구애받지 않는다. 찬 서리가 내려도 눈비가 내려도 상관없다. 서른 살에 주님 앞에 서원을 드리기 위해 예수님을 만나러 교회에 간다.

항상 기다리고 계시는 주님 앞에 하루의 일과표를 내어 밀면 네가 받은 복을 헤아려 보라고 하신다.

수금과 비파로 주님을 즐겁게 해드릴까. 천천의 강수로 만만의 수양의 기름으로 제사를 드릴까. 질그릇같이 연약한 나를 일으켜 세우시며 아름답고 놀라운 일을 보여 주심이 오묘하셔라.

은빛 나는 밝은 달도, 금빛 나는 밝은 해도, 저물어 가는 고운 황혼도, 땅 위에 꽃과 열매도 다 주님의 것이다. 위대하신 나의 주 나의 하나님 내 영혼의 반석이신 그 사랑 위에 서리라.

5

한국인

한국인
문학수업
비를 주신다
인나와 향나
연금술鍊金術
요두출수搖頭出手
열 살의 서원誓願기도
보약 원기소
내 안의 나에게
작가노트_잉태에서 해산까지

한국인

언니 집 현관에 걸려 있는 문패를 쳐다본다. 지난가을 이질姨姪이 문패를 만들어 보내 달라고 부탁해서 대리석에 한글 이름을 새겨 보내 주었다.

한국을 떠난 지 27년 만에 이름을 문 앞에 걸어도 부끄럽지 않을 만큼 당당하고 자신이 생겼나 보다, 생각은 하였지만 이렇게 큰 저택일 줄은 몰랐다. 가파르고 힘든 길을 숨차게 달려온 그의 미국 생활을 알고 있어 더욱 놀라웠다. LA에서도 부촌이라는 비버리 힐스 지역이다. 넓은 앞뜰과 뒤뜰에 숲을 이룬 정원수와 과목들, 만발한 기화요초들로 태초의 에덴동산이 이렇지 않았을까 싶었다.

한국에서 명문 법대에 입학한 이질은 사시司試공부를 시작하였다. 홀로된 언니의 희망이었고 가장인 아들이 고시만 합격하면 청상青孀의 외로움도 보상이 되리라는 기대를 했다. 비록 넉넉한 생활은 아니어도 정갈하고 맑고 밝게 살아가는 언니와 수재(秀才)인 아들이 있어 외롭거나 궁색해 보이지 않아서 좋았다.

가계家計에 무리를 하면서까지 아들을 위해 학교가 있는 서울로 이사하는 것도 서슴지 않았다. 공부할 수 있는 더 조용한 곳을 찾아가는 아들을 뒤따라다니며 먼 곳 가까운 곳 가리지 않고 보약과 먹을거리를 해 날랐다. 공부는 혼자 하는 것이 아니라 엄마와 아들이 같이한다고, 나는 남의 일처럼 쉽게 말을 하기도 했다.

고시 공부를 시작한 지 10년이 되었는데도 2차 시험에는 번번이 낙방이었다. 거듭되는 실패에 한계를 느꼈을까. 공부를 접으려고 용단을 내렸을 때 모자母子는 아무것도 거두지 못한 세월이 아까워서 몸부림을 쳤다. 젊음을 걸었던 집념에 미련이 없을까마는 서른을 넘긴 나이가 그를 더욱 초조하게 했다. 대가도 없고 포상도 없이 전쟁에서 패배한 장수처럼 힘없는 그를 바라보기가 민망해서 마주치지 않으려고 피하기만 했지 위로의 말도 건넬 수가 없었다.

이질이 기업체 공채 시험에 응시하기까지는 주위의 권유와 나이도 한몫을 했다. 입사한 후 미국 지사를 자청했을 때 가고 싶어 떠난다기보다 한국을 피해서 가는 것같이 보였다. 친척도 없고 아는 이도 없는 미지의 나라에 대한 동경도 있었겠지만 아주 다른 환경에 부딪혀 봄으로써 자신이 어느 정도의 능력을 가졌는지 시험해 보고 싶다는 말을 했었다. 한국에 남겠다는 언니를 기어이 데리고 미국으로 떠났다.

얼마 지난 후 서울 본사로 승진발령이 났으나 그는 회사에 사표를 내고 한국으로 돌아오지 않았다. 영주권도 없는 처지에 표류하는 이민자가 되었지만 누구도 자기의 존재를 의식하지 않는 낯선 미국이 한없이 편하고 좋았다. 자존심만 버리면 무엇이라도 할 수 있었다. 눈치 보지 않으니 부끄럽지도 않고 두려움도 없어졌다.

　어머니가 한국을 그리워하지 않고 의사소통의 어려움만 없다면 매임에서 풀려난 자유인이었다. 한국에서 하던 습관대로 다섯 시간만 잠자고 남은 시간을 사업에 투자한다면 성공할 수 있을 것이라는 믿음이 생기자 자신감이 더해졌다.

　처음으로 선택한 세탁업은 노력한 것만큼 보장된 수입을 얻을 수 있었다. 백인과의 관계에서 말이 막히면 되든 안 되든 큰소리를 쳐서 기를 꺾는 버릇도 터득했다. 미국인들은 덮어놓고 한국인이 먼저 시비를 걸면 겁을 먹고 달아났다. 우리나라였다면 어림도 없는 일인데도 모든 것을 포기하고 이곳에 남은 것이 누구의 탓인 것처럼 그 억울한 마음은 그를 겁 없고 강한 사람으로 변하게 했다. 그것은 자기를 이기려는 몸부림이기도 했고 이루지 못한 꿈에 대한 저항이기도 했다.

　몇 해를 고생한 끝에 언어에 자신도 생기고 저축된 예금으로 법대 대학원 공부를 할 수가 있었다. 변호사로 변신한 자신을 보며 스스로도 놀라웠고 조국을 포기하고 이민한 것에 후회가 없었다. 어머니의 소원이던 사법고시에 버금가는 변호사가 되어 조금은 보답이 되었으리라, 스스로 자신을 위로하기도 했다.

　어느 날 어머니가 고대광실 같은 집에 네 이름을 새긴 문패를 걸어 보는 것이 소원이었는데 남의 나라에서 현관에 이름 달기가 부끄러우냐고 물었다. 어머니의 소원이라면 무엇을 못 할까. 미국이라고 문패를 달지 못할 이유가 없었다. 어머니의 고대광실, 그것은 미국 사람들이 사는 집보다는 더 번듯하고 좋았으면 싶었다.

　대궐 같은 집으로 이사를 하고 잘 보이는 문전에 문패를 달았다. 오랜만에 어머니의 노안에 소리 없는 웃음이 가득했다. 아들은 그제야 아들 노릇을 조금은 한 것 같았다.

　등 돌리고 떠나온 고국에 대한 그리움의 앙금인지 이질네 식구들은 한국 자동차만을 고집한다. 자동차 번호에도 'KOR(Korea의 약자)'라는 글자가 들어있다. 휴대전화기의 통화 대기음도 동해물과 백두산이… 애국가이다. 그는 여러 명의 변호사를 수하에 두고 이민법의 전문가로 성공한 변호사이지만 그것보다 더 빛나 보이는 것은 어머니에게 더없이 효성스런, 한국 풍습에 길들여진 모습 때문이었다.

　현관에 걸린 문패는 아들이 인생의 전부였던 언니의 얼굴 같기도 하고 맨주먹으로 외로움의 장벽을 뛰어넘은 이질의 얼굴처럼도 보였다. 또한, 이국땅에서 언어의 벽과 부딪치면서 긍지를 잃지 않고 열심히 살아가는 한국인의 모습으로도 보이는 것은 나 혼자만의 생각일까.

문학수업

글을 쓰게 된 동기를 묻는다면 책이 좋아서라고 답을 할 것이다. 어릴 적부터 책은 나의 벗이고 세상을 알아가는 첫걸음이었다.

초등학교에 입학하여 교과서를 받으면 국어책을 하루에 다 읽었다. 아니다 몇 번을 반복해서 읽었는지 모른다. 삼천갑자 동방삭 얘기, 범보다 무서운 곶감, 지금도 기억하고 있는 일학년 교과서의 이야기들이다.

글을 모를 때는 예사로 보아왔는데 한글을 깨우친 후에 아버지 방 책상 위에 있는 책들이 눈에 들어왔다. 그게 고전인 줄도 몰랐고 그냥 이야기책으로만 알던 터였다.

심청전, 장화홍련전, 춘향전, 유충렬전, 홍길동전, 구운몽. 저 안에 무슨 이야기가 숨었을까 가슴이 뛰도록 궁금했다. 아버지는 언서고담諺書古談을 네가 이해할까 하시며 심청전만 읽으라고 하셨지만 몰래 다 읽었다. 스스로 느낀 것은 책을 많이 읽다 보니 어른스럽다는 말을 많이 들었던 것 같다.

늦둥이라 부모님 사랑도 받았지만 이야기책을 읽고 있으면 엄마가 특히 대견해하셨고 엄청 예뻐하셨다. 어머니는 아버지처럼 곡조를 넣어 소리 내서 읽어야 제대로 읽는 거라고 하셔서 엄마의 마음에 드는 딸이 되고 싶어 시를 읊듯이 읽기도 했다.

오빠와 언니들은 어머니의 요청에 고개를 저으며 도망갔지만 책이 좋은 나는 아버지 흉내를 내면서 슬픈 장면은 구슬프게 즐거운 대목은 환하고 밝은 음성으로 높낮음이 뚜렷하게 리듬을 살려가며 읽었다. 조용한 저녁 호야등 밑에서 구성지게 책 읽는 소리는 적막을 깨우는 음악이었다.

어머니는 자식들 공부시켜서 글 읽어 주는 녀석은 늦둥이 하나뿐이라며 칭찬을 하셨다. 그럴 때마다 나는 엄마가 인정하는 하나뿐인 효녀라고 생각했다. 용돈을 받으면 책방으로 가서 사탕보다 달고 맛난 책을 샀고, 행복했다.

책을 사랑하고 읽기 좋아하던 아이는 교내 글짓기 대회에서 4학년 때 「별」이라는 시를 썼다. 시인이신 담임 선생님이 내 손을 잡고 골마루 끝에 있는 넓다란 게시판 앞으로 데리고 갔다. 내가 쓴 시가 게시판 한복판에 붙어 있었다. 기억나는 것은 "누워서 들창에 붙어있는 별을 보았다. 잡힐 것 같아 창문을 열었다. 별은 더 멀리 하늘에서 웃고 있었다." 이 한 대목만 기억에 남아있다.

내 고향 진주에는 해마다 10월이면 개천예술제가 열린다. 그중에도 관심은 오직 백일장이다. 문학소녀들은 예술제가 열릴 때마다 작가의 꿈을 꾸었다.

　어느 해 고등부 백일장 시제詩題는 '종鐘'이었다. 새벽마다 울리는 교회 종소리가 퍼뜩 떠올랐다. 주제가 쉽게 잡혔다. 어머니가 교회에서 하나님께 드리는 첫 시간이요 자녀들을 위해 바치는 지성至誠의 시간이기도 했다. 종소리를 하나님의 음성으로 은유법을 써 가며 어느 해보다 자신 있게 시를 엮었다. 장원을 하고 싶었지만 방榜에는 내 이름이 없었다. 그토록 갖고 싶었던 시인의 꿈은 모험이었나. 철부지 욕심이고 오만이었을까. 시제가 자신만만해서 멋지게 썼다고 생각했지만, 열일곱 살 소녀의 기대는 거품처럼 잦아들었다.

　고사장인 비봉루 언덕길을 내려오고 있었다. 내 이름을 부르는 확성기 소리가 들린다. 본부석에서 찾는 방송이다. 나를 찾은 이는 뜻밖에도 심사에 오셨던 모윤숙 선생님이었다.

　가슴에 렌을 품고 잠이 들던 그『렌의 애가』를 쓰신 선생님, 얼마나 흠모했던 나의 우상이었던가. 선생님의 포근한 손이 등을 토닥거리며 열심히 해서 시인이 되라고 하시던 한마디에 하늘을 날고 있었다. 상은 받지 못했지만 내가 쓴 시가 선생님 눈에 들었던가. 기쁨을 넘어 하늘을 나는 기분이었다.

　시인의 길이 보이고 이정표가 보였다. 장원이 아니어도 차상이 아니어도 좋았다. 가능성과 기대라는 말씀은 내가 가야 할 길을 가르쳐 주는 내비게이션이었고 실망의 찬비를 피하게 해 주는 우산이었다.

　책장 한가운데 눈이 잘 가는 자리에 《여원》이라는 여성잡지 두 권이 나란히 자리 잡고 있다. 수십 년의 세월의 흔적은 주인의 행색에 버금갈 만큼 빛이 바래지고 낡았다. 그러나 그 속에 담긴 두 편의 글이 예순의 늦은 나이에 글을 쓰도록 나를 이끌어낸 강력한 힘이다.

　첫아이가 태어나던 스물여섯 새색시 때이다. 「여식女息」이라는 시조 한 편을 김상옥草汀 金相沃 선생님께서 추천해 주셨다. 숙종 때 역관을 지낸 장현張炫이란 분의 시에 비교하시며 가능성과 기대의 평을 해 주셨다. 또 한 권의 책에는 임옥인 선생님이 추천해 주신 산문 한 편이다.

　글을 쓰도록 이 자리에 세워준 운명과 같은 글 두 편에 후한 추천의 글이 없었다면 이 나이에 나는 무엇을 하고 있을까.

　글을 쓰다가 게을러지거나 주저앉고 싶을 때마다 젊은 날의 시 한 편과 산문 한 편은 새벽을 깨우는 자명종처럼 나를 깨운다.

　먼 길 떠나셨지만 문학의 길을 열어주신 선생님들의 짧은 한 줄의 가능성과 기대라는 말씀이 채찍 없는 훈계가 되어 글을 쓰는 지금의 나를 끌고 간다.

비를 주신다

비, 비가 온다. 단비가 온다. 이보다 고맙고 반가운 것은 없다. 하늘의 은총이다. 기다리던 님이 오신다. 우산이 필요 없다. 옷이 젖는 것, 그건 상관없는 일이다. 흠뻑 젖어도 좋다. 텃밭으로 달려간다.

달포가 지나도 비가 올 것이라는 기별은 들리지 않았다. 가뭄을 이기지 못하고 들판의 논들은 땅따먹기 놀이처럼 갈라져서 삭막하다.

조그마한 내 텃밭도 목이 타들어 가고 있었다. 유일한 생명줄인 밤이슬도 쨍쨍한 햇빛에 숨도 쉬지 못하고 갈증만 더할 뿐, 고개를 겨우 들다가 금방 숙이고 마는 생명들이 가엾어서 쳐다보기도 민망했다.

사람의 두뇌로 달나라를 간다지만 한계가 있다. 과학의 위대함도 하늘의 이치를 역행할 수 없나 보다. 못 할 것이 없다는 인간의 주장은 빈말이다. 과학 문명 시대도 하나님의 창조 능력 앞에서는 아무런 가치가 없다. 여기까지가 한계다. 인간은 하나님의 자연법칙을 거역할 수가 없으며 천지의 자연 현상은 하나님의 몫이고 재량이다.

햇빛이 없는 세상, 물이 없는 세상은 어떤 세상일까. 생명도 존재하지 못하는 황무한 땅. 인간영역의 한계를 생각하니 절대자이신 창조주의 위엄과 창조의 질서를 외면하려는 인간의 오만함이 부끄럽다.

비 한 방울도 만들어 내지 못하는 과학의 힘은 얼마나 보잘것없는 것인지 천지를 창조하신 전능자를 외면하는 무지를 범하지 말자. 지구의 생명은 그분의 손안에 있다. 하나님의 능력 안에서만 인간은 존재할 뿐이다.

가뭄이 계속된 달포 동안 들판은 조용한 죽음이었다. 농수로도 말라 파란 이끼만 가득하고 콘크리트 바닥이 드러났다. 저녁나절에 들러보면 들깨 이파리도 축 처져있고 고춧잎은 말려들어서 숨도 쉬지 못하고 있다. 그 예쁘던 백일홍도 힘없이 고개를 떨어뜨리고 더는 못 견디겠다고 눈도 맞추지 않는다. 나는 하나님이 아니라서 비를 내릴 수가 없다고 말해 주건만 가엾어서 차마 볼 수가 없다. 토란대도 성장을 멈추고 비틀거린다.

촉이 날 듯 말 듯한 구근을 부드러운 땅에 묻을 때 너도 웃고 나도 웃었다. 햇볕 없는 다용도실 구석진 곳에 매달려서 한겨울을 보내며 봄이 오기를 기다렸던 생명들이다.

움이 돋고 순하게 바람이 불어주고 알맞은 햇볕이 쬐어도 비가 내려주지 않으면 생명은 없다. 흙에 묻혀서 이른 비와 늦은 비를 먹으며 힘차게 머리를 들고 파란 손을 내어밀던 너는 토실토실한 우량아였다.

고맙구나. 씩씩하구나. 칭찬 한마디에 너는 뽐내며 넓은 팔을 쭉쭉 내밀었다. 그중에 키 큰 토란 녀석을 만져주며 "네가 우리 밭의 대장이다." 한마디 하고 다음 날 아침에 가보면 모두가 대장이 되고 싶다며 우르르 키 자랑을 하고 나서던 너도 맥이 풀어졌다.

하늘이 내리시는 자연수인 비에 만물이 살아난다. 돈으로도 살 수 없는 만나 같은 비를 맞으며 밭 가운데 서서 이편저편 바라보니 모두가 웃음이다. 그래, 눈을 열어라 웃어라 생명의 비가 내린다. 흠뻑 마셔라. 살자. 다시 시작이다.

인나와 향나

멀쩡하던 날이 돌아오는 시간에 궂어진다. 버스 정류장에 내리는데 우산을 들고 마중 나와 기다리고 있는 사람, 도착시간도 알려 주지 않았는데 언제부터 기다렸을까. 늦어도 저녁 준비할 시간에는 돌아온다는 것을 예측하고 비가 오니 때맞추어 우산을 들고 나왔나 보다.

우산을 펴서 잡혀주더니 의무 완수 다 했다는 듯 앞서서 가고 있다. 고맙기는 한데 조금 서운하다. 우산 하나에 팔짱 끼고 몸을 기대면서 걸었던 날도 많았는데 언제부터 남처럼 무감정의 사이가 되었을까. 한마디 말도 없이 우산만 받쳐주고 앞서가는 남편 뒤를 따라가며 생각하니 집안일로 외출한 것도 아니고 나 하고 싶은 일 하러 다니는 여자한테 이만하면 후덕하다는 생각이 든다. "마중 안 나와도 되는데." 혼잣말처럼 구시렁거린다. "비 맞고 감기 들면 나만 손해지." 아내를 위하는 것이 결국 자신을 위해서란 말로 들린다.

하루라도 안 보면 못 살 것 같은 날도 있었고 이분을 만난 것은 하늘의 은총이고 행복의 조건이라고 생각했다. 엄마의 기준은 달랐다. "후회하지 말고 네 인생이니 네가 책임져라."던 엄마의 가슴 앓이 마음도 도도하게 외면했다. 내가 선택한 것에 후회 없이 책임 있게 반드시 잘 살아야 한다는 다짐은 엄마의 마음을 아프게 한 것에 속죄하고 싶어서였다.

우리 부부는 단 하나도 일치하는 것이 없는 너무도 다른 짝짝이가 만나서 단짝이 되었다. 살다 보니 눈만 깜박거려도 무엇을 원하는지 알 수 있을 만큼 숨길 것이 없다. 언어의 높낮이에서 전해지는 감정의 표현도, 눈빛만 보아도 기분의 온도를 직감한다. 밥상 앞에서 수저의 놀림만 보아도 입맛의 감지를 알아차릴 만큼 완벽한 아내가 되었다. 운명처럼 서로를 필요로 하면서 한집에서 살아온 지 반세기가 넘었다.

무엇보다 나를 부르는 호칭에서 그분의 기분을 쉽게 알아차린다. 여보 대신 자야, 향나, 하고 부를 때는 처음 만날 때처럼 정답다. "자야"는 엄마가 부르는 소리처럼 응석받이 딸이 된 기분이 들고 "향나" 하고 부르면 그 옛날 나를 향해 달려오던 그의 젊은 모습이 생각난다. 우리를 무촌으로 맺어준 것은 유등 축제였다.

70년의 전통을 자랑하는 예술의 축제 진주개천예술제는 내 고향의 자랑이다. 음력 시월 초사흘, 축제가 시작된다. 그중에서 가장 화려한 행사는 유등축제다. 젊은 날의 유등축제는 지금의 유등처럼 상상 속의 인물이나 동물의 모형이 아닌 순수한 등불의 행렬이었다. 등불 창호지에 이름을 쓰고 소원을 적어 넣는다. 등을 강물에 띄운 사람들도 많지만, 남강 주변은 구경 나온 사람들이 더 많았다.

어두움이 내려앉은 남강은 소원을 담은 유등이 소리 없이 흘러간다. 남실거리는 물 위에 논개의 넋을 달래며 색색의 유등이 너무 아름답다. 간혹 넘어져 강물에 잠겨버리는 등도 있지만 바람이 잔잔한 남강 물에 등이 어디까지 떠내려가는지, 강을 따라 등이 가는 대로 강물을 따라 멀리 뒤벼리까지 따라가는 이들도 있다.

의암 옆에 서 있던 나는 가슴이 쿵 하고 내려앉는다. 뛰는 정도가 아니고 북채로 북을 연타로 치는 듯이 심장에서 둥둥 소리가 났다. 구경꾼이 이다지도 많은데 아는 사람이 보면 어쩌나. 무슨 날벼락을 만난 것 같다. 재종 오빠의 친구인 그 사람 이름과 내 이름이 적힌 네모난 등이 둥실둥실 떠내려 온다. 이름은 동명同名이 많지만 내 성姓은 흔치 않으니 이건 확실히 사달이 날 일이었다.

오빠와 같이 우리 집에 두 번째 왔던 날, 편지를 책상 위에 두고 간 사람이다. 나는 답장을 보내지도 않았는데 유등에 내 이름을 드러내 놓고 썼으니 나를 아는 분이 보았으면 어찌할까 등불이 넘어졌으면 좋겠는데 둥둥 잘도 떠간다.

대처할 궁리를 하던 끝에 못 본 척 넘어가는 것이 그를 무시하는 길이라 생각했다. 그러나 마음을 다잡을수록 쉽게 포기되지 않는 마음의 요동은 나만이 아는 내란이었다.

또 한 번의 편지가 왔다. 우리들의 우상인 테너 이인범 주연인 오페라를 보러 가자고 한다. 포스터만 보아도 기분 좋은 이인범, 오페라 제목이 천국의 계단인지 천국과 지옥인지 아리송하다.

남자 주연 '인나'와 여자 주인공 '향나'가 데이트 중에 사고로 목숨을 잃는다. 인나는 천국에 가고 향나는 지옥으로 간다. 두 사람은 헤어질 때 천국 길과 지옥 길에서 마주 보며 울며 손을 흔든다. 지옥에 간 향나와 천국에 간 인나에게 선처가 내려졌다. 너희들 젊음이 아까우니 다시 세상으로 돌아가라는 명령을 받고 살아난다.

둘은 살아난 것을 서로 모른다. 인나는 향나가 있는 지옥으로 가려고 복면을 하고 강도가 되어 칼을 들고 나선다. 향나는 인나가 있는 천국을 가기 위해 불쌍한 자를 돌보며 선한 일을 한다. 강도를 만난 향나는 강도를 설득하려다 둘이 마주치며 서로를 알아보는 줄거리의 오페라였다.

얼마만큼의 사랑이면 지옥이라도 같이 가고 싶을까. 머뭇거리며 망설이던 나를 오페라로 유인한 그가 인나로 보이기 시작했다. 오페라 이후 그는 나를 언제나 향나라고 불렀고 그를 인나라고 부르며 인향의 집을 꿈꾸었다.

세월 속에 이름도 퇴색해 버렸지만 지금도 메모를 남길 때 자연스럽게 불러 줄 때가 더러 있다. "향나, 이발하러 간다." "향, 여섯 시쯤 올게." 이 한마디에 숨어 버린 젊은 날의 그를 만난다.

무정하던 다정하던 그는 내 삶의 지배자이고 인향의 집을 꾸미고 가꾸어 가는 주인이며 나의 인생이다.

연금술鍊金術

 헝겊 나부랭이를 퍼즐처럼 이어 맞췄더니 조각보가 태어났다. 둘만 앉는 작은 식탁 유리 밑에 깔았다. "당신 연금술鍊金術이 대단하다. 조각 천으로 이걸 만들다니 참 예쁘다." 남편의 과분한 칭찬에 사기충천士氣衝天이다.
 글쓰기도 노동이고 집안일도 노동처럼 느껴져서 하기 싫을 때가 있지만 바느질만은 재미로 한다. 즐거워서 하는 일은 힘이 들지 않는다. 재봉틀 앞에 앉으면 밥때를 놓치기도 하고 해 넘어간 줄도 모른 채 푹 빠진다.
 헝겊을 모아둔 보자기를 푼다. 교우가 한복집을 하는 덕에 얻어 온 천 조각들, 오다가다 자투리만 파는 가게에서 푼돈으로 사서 모은 것들이다. 색색의 실이 들어 있는 반짇고리와 바느질에 필요한 도구상자, 그리고 천을 모아둔 보자기는 재봉틀 옆이 제자리다.
 작은 베갯잇에서부터 커튼에 이르기까지 반듯한 솜씨는 아니지만 내 구미에 맞게 손재주를 부린 것이라 미우나 고우나 그저 참하고 곱고 예쁘다.

　실크에서 무명베까지 다양한 천 조각들이 쓰임 받기에 적당한 모습으로 완성되었을 때 자투리의 변신은 실로 황홀하다. 강철이 금으로 변화하거나 불사不死의 명약을 만들어 내는 기이한 연금술에 비교할 수 없지만 내 손으로 빚어낸 것은 나만의 연금술인 셈이다.

　몇 푼 주지 않아도 살 수 있는 것들이지만, 값이나 가치보다 못생겨도 내 자식은 예쁜 것처럼 내 눈에는 예술이고 보석이다. 전문 디자이너들이 만든 것에 비할 수는 없으나 내 손으로 한 땀 한 땀 정성을 들였다는 것에 자긍심을 갖는다. 주인의 취향대로 만든 탓에 눈여겨보면 하나같이 나를 닮았다. 남들 하는 대로 따라 하기 싫고 나답게 살아가고 싶은 고집이 배어 있어 더 정이 간다. 작은 성취감이 글을 쓰고 퇴고를 끝냈을 때의 홀가분한 기분과 흡사하다.

　커튼은 세로로 박음질하는 것이 원칙이다. 안방 커튼은 양쪽 한 폭씩 이음 선이 가로로 되어 있다. 자투리로 만든 커튼은 부스럼 같아 보이지만 내 눈에는 아름다운 흉터다. 손님이 오면 커튼을 활짝 연다. 주름 속에 묻히면 가려지기 때문에 가로로 이은 흠집이 잘 보이지 않는다.

　드물게 보이는 커튼지에 마음이 끌려서 사 왔지만 모자라는 천을 가로로 이을 수밖에 없었던 고충을 겪었기에 더욱 정이 간다.

햇볕이 잘 들지 않는 작은방은 광목 자투리로 커튼을 쳤더니, 화려한 무늬보다 고풍스럽고 점잖아 보이며 환하게 밝아서 좋다.

가을에서 겨울로 계절이 바뀌면 옷장을 정리한다. 입을 옷을 찾아 옷장에 걸고 철 지난 옷을 챙겨 넣는 작업이 만만치 않다. 가을이 다 가도록 입어 본 적도 없는 옷이 수두룩하다. 과감히 버려야 하는데 모두가 추억을 안고 있는 것들이니 아까운 것은 당연하다. 이런 보이지 않는 애착이 버리려는 마음을 붙들어 맨다. 욕심을 버리면 너절한 옷장이 숨을 쉬겠는데 내었다 들이기를 반복한다. 버릴 옷을 가려내는 것도 용기가 필요하다.

옷장 맨 아래 서랍 밑바닥에 수년째 잠자고 있는 스웨터 하나를 집어 든다. 유명 메이커라는 이유 하나로 입지도 않으면서 버리지 못했다. 짜임새도 독특하고 색실도 곱고 멀쩡하다. 버리기는 아깝지만 소매 부분을 반듯하게 잘라내고 고무줄을 넣으니 멋진 토시로 변했다. 소매 끝 커브 부분이 발목을 유연하고 탄력 있게 잡아 준다. 양말을 신을 때 살짝 덮어 주니 참 따뜻하다. 내의를 입지 않아도 시린 다리를 따뜻하게 감싸준다. 팔이 다리가 된 셈이다.

몸판은 반원으로 오려서 겨울 모자를 만들었다. 꼭지에 튤립 장식으로 방울도 달았다. 운동복을 입고 모자를 눌러 썼다. 너무 멋지다. 무엇보다 천이 유별나고 독특해서 운동하러 나갔더니 시선 집중이다. 친구들이 어디서 샀느냐고 아우성이지만 유구무언, 이상한 여자로 보일망정 그 멋진 스웨터의 변신을 말하고 싶지

앉았다.

 살아가는 방법이 사람마다 다 다르다. 노동의 수고와 시간을 들이지 않아도 깔끔하고 예쁜 것 골라서 얼마든지 차려놓고 살 수 있는 상품의 홍수 시대다. 시간 들이고 힘들이고 구질구질하게 살아가는 나같이 미련한 여자, 어쩌면 재봉틀 탓이기도 하다.

 내게 재봉틀이 없었다면 헝겊 조각이나 자투리 천이 무슨 상관이며 솜씨 자랑할 일도 없었을 것이다. 시집올 때 엄마가 해주신 브라더 재봉틀이 없었다면 감히 바느질을 생각이나 했을까. "너는 손끝이 야무져서 재봉틀만 있으면 먹고는 산다. 논 한 마지기보다도 재봉틀이 효자 노릇 할 것이다." 딸의 앞날이 걱정스러워 마련해 주신 재봉틀 앞에 앉을 때마다 "엄마, 마음 놓으세요. 삯바느질 하지 않아도 잘삽니다." 하고 중얼거린다.

요두출수 搖頭出手

까끌까끌한 잡곡밥을 먹는다. 때로는 입안에서 뱅뱅 돈다. 그림의 떡인 쌀밥이 그립다. 그리움의 대상이지만 해로우니 만나지 않아야 한다. 윤기가 자르르 도는 하얀 쌀밥은 깨소금에 참기름 한 방울 치고 간장에 비벼 먹어도 맛이 있다. 그 흔한 쌀밥을 곁에 두고도 멀리해야 하는 애달픈 인생이다.

모처럼 외식하게 될 경우가 있다. 쌀밥을 보는 순간 주저주저하면서도 먹고 싶은 유혹을 이기지 못할 때가 많다. 생각은 피하고 싶은데 숟가락은 저 먼저 밥을 뜨고 있다. 먹고 싶어 손이 먼저 선수를 치고 나서는 데는 도리가 없다. 생각이 제아무리 태클을 걸어도 무슨 재주로 막을 수가 있겠는가. 요두출수 搖頭出手다.

눈 딱 감고 오늘만 먹고 말자고 다짐한다. 그 딱 한 번이 몇 번을 반복했는지 셀 수도 없지만, 그리운 임을 만난 듯이 쌀밥과의 조우는 행복을 누리는 순간임이 틀림없다.

잠시 혈당 수치는 생각에서 지운다. 입맛이 원하는 대로 한 번쯤

탈선하는 것도 절제하려는 가엾은 자에게 베푸는 상여금이 아닌가. 스스로 눈을 감아주는 후덕함을 보여준다.

보리쌀에 현미를 섞어 검정콩과 귀리 등 잡곡으로 지은 밥은 맛이 없다. 까칠하고 거칠어서 절식하기에 이만큼 도움을 주는 것은 없을 것이다. 쌀밥은 국에 말아 먹어도 맛있고 비벼 먹어도 맛있지만 혈당과 상관없는 식구들한테 미안하기만 하다. 늘 먹다 보니 습관이 들어서 먹을 만하다는 듣기 좋은 말이 더 불편하다.

어쩌다 아이스크림이나 파이를 먹을 때도 조심스럽고 두렵기는 마찬가지다. 피하려고 하면 할수록 더 먹고 싶다. 포식하는 식성도 아니지만 누르면 튀는 용수철인지 말리면 더 달려드는 싸움질 같다. 겁을 내면서도 참으로 힘든 전쟁이며 인내심이 절실하다.

혈액검사 후 의사의 처방은 항상 투약이다. 경계치에는 적당히 약을 복용하면서 먹고 싶은 것 먹으며 즐겁게 지낼 일이지 무슨 고집이 그다지 세냐고 주치의를 만날 때마다 반복해서 듣는 잔소리다.

약은 효과보다 후유증이 무섭다는 것이 내가 알고 있는 상식이다. 이유 불문하고 괴롭히는 불청객인 고혈당을 약이 아니면 이겨낼 수 없다는 것일까. 식구들도 약으로 다스리자고 권하기는 마찬가지다. 그러나 어떤 한계점이 올 때까지 버티고 싶은 나의 의지를 믿어 보고 싶다.

먹이에 제동을 걸고 충분한 운동을 하는 것은 침노하는 자를 방

어하는 벽을 쌓는 것이다. 애끓는 노력 앞에 누가 먼저 항복할까. 나의 투쟁이 실패하여 패배의 날이 오게 되었을 때 투약을 하리라는 계획이지만 그런 허망한 결과는 없을 것이다.

우리 형제들은 하나같이 고혈당으로 삶에 고충이 있다. 피할 수 없는 유전인 것 같다. 병명도 모르던 시절에 일찍 세상을 떠나신 아버지가 겪었던 지병을 우리가 물려받은 것이 아닐까. 피할 수 없는 유전임을 형제들이 갖는 공통된 생각이다.

식이요법과 운동으로 당뇨를 이겨내고 장수하는 언니와 약물에 의존하는 동생을 보며 분명한 해답을 얻었다.

잡곡밥과 두유, 채식으로 건강을 멋지게 이어가는 언니의 합리적인 자가 치료 방법과 조언은 지금의 나를 만들어 가고 있다.

후유증 없이 건강을 유지하는 것은 자신과의 싸움에서 이겨야만 가능하다. 언니의 경험은 여기까지 나를 이끌어 온 바른 지침이며, 철저한 자기 관리만이 질병과의 싸움에서 이길 수 있는 방패가 되는 것이다.

우리 집에는 설탕이 없다. 멀리 떠나보낸 지 오래다. 사카린 두세 알이면 단맛을 내는 데 충분하다. 아침 운동을 하고 식탁 앞에 앉는다. 신선한 채소와 미역국, 잡곡밥 한 움큼이 나를 위해 준비된 보약이다.

혈당 수치를 체크한다. 115를 가리킨다. 흔들리지 않는 적정선을 유지하고 있다. 이 숫자는 기분을 흐리게도 하고 맑게도 하는 요술쟁이다. 하루를 좌지우지하는 이 숫자에서 해방되는 날이 언제일지 모르지만 혈당과의 싸움을 멈추지 않는 한 승리할 것으로 믿고 밝게 웃자.

열 살의 서원誓願기도

　객석의 불빛이 꺼지고 조명만 무대를 밝히고 있다. 소곤대던 관객들의 소리도 들리지 않고 연주 홀은 잠잠하다. 연주자가 나와서 인사를 한다. 조명을 받은 연두색 연주복이 구름처럼 가벼워 보인다. 어느 때보다 아름답다. 관객들은 박수로 격려하는데 나만 긴장하고 있다.
　한 번의 독주회를 준비할 때마다 낮도 없고 밤도 없다. 수개월 동안 연습을 하지만 무대에 설 때마다 긴장하고 실수하지 않을까 초조해한다.
　연주는 악보 없이 암보로 외워서 하는 것은 기본이다. 한 해에 두세 차례 할 적마다 반복되는 곡은 피해야 하고 새로운 곡으로 준비한다. 무대에 서면 마돈나로 보이지만 화려한 중노동이다.
　연습하는 아이 곁에서 듣는 데 익숙하다 보면 어느새 아둔한 귀 문이 열리고 곡 전체를 따라 외우게 된다. 어느 페이지 몇 마디 줄에서 실수한 것을 집어내는 엄마는 도통한 무서운 선생이 되었다.

딸이 무대에 설 때마다 초조하기는 엄마도 마찬가지다. 젓가락처럼 가느다란 손가락에 굳은살이 박인 것을 볼 때마다 쟁기를 잡고 농사짓는 힘든 농부와 버금가는 일이라는 생각을 한다.

아이를 처음으로 무대에 세웠을 때가 열 살이었다. 일간 신문사에서 주최하는 수준 높은 콩쿠르에 참가하면서다. 그때부터 나의 애간장은 타다가 식었다가 얼었다가 녹았다가를 반복했고 가슴은 항상 두근거렸다.

예선은 비공개로 하므로 들을 수도 볼 수도 없었지만 본선은 공개로 누구나 들을 수가 있었다. 구십여 명이 참가한 예심에서 열세 명이 본선에 올라와서 경쟁했다.

팔삭둥이 아이가 생후 석 달이 채 안 되었을 때 뇌막염을 앓았다. 주치의는 기대를 접으라고 했었다. 지능이 정상으로 자라기가 어렵다는 진단을 받은 아이다. 예선에 합격한 것으로도 감사요 기적이었다.

본선에서 낙오되면 어린 마음에 받을 상처를 생각하니 두려워서 본선은 포기하자고 타일렀다. 아이는 본선 곡이 예선 곡보다 더 자신 있게 잘할 수 있는데 엄마는 왜 내 실력을 못 믿느냐며 태연하게 나를 설득하는 것이다.

열세 명 중에 여덟 번째로 무대에 나오는 딸을 쳐다볼 수가 없었다. 너무 떨려서 눈을 감고 기도만 하고 있었다. 연주를 끝내고 내 곁으로 오더니 자신 있는 표정으로 "엄마 나 잘 쳤지?" 하는 아이의 얼굴은 밝고 환했다.

　수상자의 발표를 기다리는 동안 엄마들은 심사위원들보다 더 정확했고 빈틈없이 채점했다. 자식을 가르치다 보면 엄마들은 모두 전문가다. 열세 명의 번호 뒤에 세부적인 평가까지 토를 달아놓는 대단한 엄마들이었다. 어떤 엄마가 우리아이 번호를 묻는다. "8번." 하는 내 소리에 엄마들이 동시에 눈을 크게 뜨며 "상 받겠네." 한다. "장려상 받겠어요?" 하는 내 말에 "큰 상 받겠는데요."

　발표를 기다리는데 아이가 보이지 않는다. 한참 후에 땀에 젖은 얼굴로 숨 가쁘게 엄마를 부르며 달려온다. 발표를 기다리는 시간 동안 프레스센터 12층까지 승강기도 타지 않고 걸어서 열 번을 오르내리며 하나님께 서원誓願기도를 했다는 말에 서원이 무엇인지 아느냐고 물었다. "하나님과의 약속" 하더니 오늘 콩쿠르에서 금상을 받으면 피아노로 평생토록 봉사할 것이라고 했다. 내가 우려하는 지능이 낮은 아이도 아니고 어린아이도 아닌 정상아로 자란 철이 든 열 살 내 딸이었다.

　수상자를 적은 두루마리를 벽에 붙인다. 장려상부터 이름이 차례로 펼쳐진다. 장려상, 은상, 마지막 금상 자리에 딸의 이름이다.

　아이의 키보다 더 커 보이는 트로피를 받으며 엄마를 불렀다. 아이가 서원하였다는 기도가 떠올라서 벌떡 일어설 수가 없었다. 꿈이 아니었다.

　손에 자극을 주면 뇌의 발달에 도움을 준다기에 가르치게 된 피아노였는데 이렇게 큰 상을 받게 될 줄은 차마 기대도 못 했다. 보이지 않지만 늘 곁에 계시는 전능자 하나님의 은혜를 저버리지 않으리라 다짐했다.

딸아이는 열 살 적에 서원한 하나님과의 약속을 어긴 적이 없다. 교회봉사가 우선순위였고 유학 중에도 교회에서 반주자로 봉사하는 것이 자연스러운 일과였다.

유학을 마치고 돌아와서 열악한 교회를 찾아 봉사하며 어려운 환경의 교우들과 신앙의 깊이를 더해간다. 형제자매 같은 교우 둘과 아버지 같은 목사님이 선량하게 이끌어 가는 작은 교회에서 행복한 신앙을 이어간다.

앙코르곡으로 주기도문이 연주되고 있다. 연주가 끝나는 것도 모르고 아이의 열 살 때의 서원을 생각하고 있었다. 무대에서 객석을 향해 감사의 인사를 하는 예쁜 피아니스트요 우수강의 평가상을 받는 교수인 자랑스러운 딸을 맥을 놓은 채 바라본다.

아이로 인하여 뿌리내린 내 믿음 위에 신령한 은혜가 꽃비처럼 내린다. 아름다운 연주회를 찾은 관객들의 브라보 소리를 들으며 감사 기도를 드린다.

보약 원기소

　무정하게 지나간 시간 속에 지울 수 없는 나의 사춘기의 아픔이 원기소 안에 숨어 있다. 잊었던 기억이 선명하고 밝게 드러난다. 약이 흔치 않던 시절에 내가 처음 먹어 본 보약이 원기소였다.

　약병에 새겨져 있던 그림이 어제 본 듯 뚜렷하다. 팔에 알통이 튀어나온 운동선수가 양손으로 역기力器를 높이 들어 올린 채 버티고 서 있었다. 약병에는 1,000개의 알약이 들어 있었다.

　어디에서 시작된 것인지 원인도 모르는 보이지 않는 마음의 병을 앓고 있었지만 역기 선수의 그림을 보면 숨어있던 총기가 살아나는 듯했다. 이 약을 먹으면 힘이 생길 것 같은 예감도 들었다. 마치 잠자던 심신이 눈을 뜨는 듯 잃어버린 길에서 방향을 찾게 하는 길잡이가 되었다. 나도 언니 오빠처럼 건강하고 싶다는 자극제가 되었던 것이 원기소였다.

　붉은 맨드라미가 장독대를 울처럼 둘러서 있고 울 밑에는 키 큰 칸나와 접시꽃이 담장을 넘겨다보고 있는 한여름. 더운 줄도 모른 채 꽃밭 옆에 쪼그리고 앉아 있는 바람 불면 넘어질 것 같은 병약한 아이, 얼굴에는 입가에서 귀밑까지 흰 반점 같은 버짐이 지도地圖처럼 번지고 있었다.

가슴에 멍이 된 애물단지 딸에게 엄마는 동그란 콩알 크기의 노르스름한 약을 입에 넣어주었다. 고소하고 향내도 나는 약이었다. 이것만 먹으면 밥도 잘 먹고 씩씩해진다고 했다. 먹지 못하니 기운이 없고 말이 없으니 사람 만나기 싫어하는 허약한 아이는 병명도 모르는 환자였다. 초점을 잃어 풀어진 눈과 시름에 잠겨 휘청거리는 걸음걸이를 볼 때마다 엄마의 한숨 소리는 깊어만 갔다.

지금 생각해 보면 우울증이거나 자폐증이 아니었을까. 요즈음 주위에 그런 아이들이 더러 있어서 볼 때마다 내가 저렇지 않았던가, 지나치게 예민해서 부딪히는 마음의 질병이 아니었나 싶다. 그때 사람들은 병명도 모른 채 그냥 멍한 병에 걸렸다고 수군거렸던 것 같다.

엄마는 원기소를 손바닥에 몇 알씩 쥐여주며 제발 뱉지 말고 콩 집어 먹듯이 시나브로 먹어야 한다고 누누이 일렀다. 먹다 보면 머잖아서 우리 딸이 예쁜 딸이 될 것이라고 내 볼을 비비는 엄마 볼은 항상 눈물로 젖어 있었다. 그럴 때마다 나는 참 애먹이는 나쁜 딸이라고 생각하며 엄마 가슴에 소리 없이 얼굴을 묻었던 기억이 난다.

보약인 원기소는 내 몸에 특효약이 되어 한 병을 다 비워 갈 무렵

웃기도 하고 식구들과 말도 하고 어느새 정상적인 아이로 돌아오고 있었다. 엄마의 환한 웃음도 돌아왔다.

어머니의 헤아릴 수 없는 사랑이 값으로 살 수 없는 보약이요, 탄원歎願 같은 끝없이 이어진 간절한 기도가 치료제였음을 철이 들고 난 후에 깨달았다. 원기소가 병을 고친 선약은 아니었지만, 우리 형제들은 나를 회복시켜 준 것이라 믿어 의심하지 않았다. 한동안 원기소가 우리 집의 만병통치약으로 대우받으면서 상비약이 된 것은 당연한 결과였다. 시집올 때도 엄마가 원기소를 짐 속에 깊이 넣어 주었던 기억이 난다.

지금은 넘치고 흔한 것이 약이다. 필요 없는 약은 세상에 없다. 짊어진 지병으로 먹기도 하지만 예방으로 상비하는 약도 있다. 더 건강하기 위해서 사들인 약만도 헤아리기 어려울 정도로 많다. 제법 넓은 서랍 공간은 약을 보관하는 약장이 되어버렸다. 영양제는 기본이고 지병 치료약까지 이름도 외우기 힘들 정도다.

어린 시절 우리에게 약은 없었다. 부스럼이 나면 끈적거리는 고약을 한지 위에 올려놓고 동그랗게 오려서 붙이는 것이 최상의 처방이었고, 상처가 나면 갑오징어 뼈를 곱게 빻아 체에 내린 가루를 상처에 솔솔 뿌리면 명약처럼 아물었다. 배가 아프면 소금 한 줌이 약이고, 다래끼가 나서 눈을 뜰 수 없어도 아픈 눈의 속눈썹 세 개를 뽑고 엄마의 약손으로 꾹 눌러서 짜 주면 시원하게 낫는 기적 같은 경험이 나에겐 있다.

더없이 명의이신 어머니, 소화제에 불과한 원기소도 엄마의 사랑이 가미되면 보약이 되는 신비한 진리를 기억한다. 먹지 못하는 딸을 부뚜막에 앉혀놓고 먹어야 산다며 흰죽을 떠서 먹여 주시던 어머니, 원기소 한 주먹 쥐여주시며 콩 집어 먹듯이 먹어 보라던 어머니가 그립다.

내 안의 나에게

여유, 세월이 준 선물이다. 훈계하는 이도 없고 놀든지 자든지 방해하는 이도 없다. 원하는 대로 누리는 자유를 넘어 방종放縱이 될까 두렵다. 나잇값을 해야지 겁 없이 절제하지 못하고 마구잡이로 살아서야 되겠는가. 정신 차리고 살자.

남에게 피해 주지 않고 열심히 사는 것, 내 것 외는 무관심해도 되는 것, 이것이 사람의 도리이고 원칙이라는 신념을 버리자. 욕심을 합리화시킨 이기주의를 포장한 변명이다.

노인이라는 호칭이 이젠 귀에 익었는데 할머니라고 부르거든 반갑게 답하자. 어른다움을 잃지 말고 노티 부리지 말 것이며 대우받으려고 하지 말자.

느린 행동보다 민첩하고, 평범하더라도 무심한 사람은 되지 말자. 화려하지 않아도 정결하게 살아야 할 것이다. 혹 실수할라, 신문고를 내 안에 만들어 어긋난 짓을 하거든 둥둥 울리게 할 수는 없을까?

말 잘하는 것이 자신을 나타내는 도구가 되고 지식의 가치를 돋보이게 하는 시대이지만, 말 많은 노인은 귀찮은 존재가 되기 쉽고 꼰대 소리 듣기에 딱 좋은 것 같다. 옛말에도 말이 많으면 쓸 말이 적다고 하지 않던가. 말보다는 웃음으로 마음을 전달하는 할머니가 되자. 모나리자의 미소는 아닐지라도 밝은 감정이 배어 있는 미소는 어두운 감정을 관통하는 과녁이 될 수 있을 테니까.

항상 웃을 수 있는 날만을 바라지는 않지만 인생에 만사형통은 없었던 것을 기억하자. 반듯한 포장도로보다 구불구불한 길이 정답고 풍광이 아름답듯이 힘들어도 수고와 땀은 언제든지 보상이 되어 돌아온다. 핑계 대거나 원망하는 것은 게으른 자의 변명이고 어리석은 자가 즐기는 말이다. 긍정적인 사고력은 자신을 윤택하게 한다고 한다.

피트니스에서 PT를 받는 것보다 단순한 운동으로 단련시키는 지혜가 필요하지 않을까. 하루에 만 보를 걷는다는 것은 자랑할 만한 노동이다. 불면의 밤을 물리 칠 수 있는 이보다 더 좋은 수면제는 없으며 공짜로 얻은 하루의 소득이다. 웬만한 길은 걷는 것을 생활화하면 건강을 위한 자본은 이것만으로 충분하다.

새해라고 원대한 희망이나 기대를 갖지 말자. 순탄한 삶을 누구나 원하지만 고난의 불청객은 소리 없이 찾아오고 아픔의 재앙이 언제 달려들지 모른다. 시련이나 곤고가 닥칠 때 기도하며 기다리자. 어둠 뒤에는 반드시 동트는 아침이 오지 않던가. 고난은 구름처럼 잠깐 머물다 지나갈 것이다. 그 잠깐을 무겁게 여기지 말고 가볍게 생각하자. 겪어온 세월이 가르쳐 준 진리다.

힘들 때 우는 건 삼류고 참는 건 이류, 웃으면 일류라고 하더라. 스스로 허벅지를 꼬집어보면 안다. 견딜 수 있을 만큼만 아프다는 것을, 고난도 아픔도 그렇지 않을까?

알면서도 어려운 것이 글쓰기다. 경험이나 삶에서 찾아낸 것들을 부끄러움을 감수하고 세상 앞에 내어놓는 간 큰 작업이 수필이다. 무음의 리듬을 타고 흐르는 가사 같은 글, 독자의 마음을 얻을 수 있는 여운이 있고 달콤하고 웃음이 곁들어 있는 수필을 쓰고 싶지만 쉽지가 않다. 시퍼런 독자를 생각하면 주눅이 들고 글을 써 놓고도 겁이 난 적이 많았다. 배짱인지 이력이 붙어서인지 이제는 눈치도 없고 겁도 없다. 어느새 간 큰 여자가 되어 있어 놀랍다.

처음 매가 아프지 자꾸 맞으면 면역이 생겨서 아픈 줄도 모르고 심장도 두둑해졌다. 나를 나 되게 한 수필은 생활이 되었고 넘어지지 않으려고 의지하는 지팡이가 되어 나를 바르게 걷게 한다. 마지막 날까지 멀든 가깝든 이 길 외에 내게 다른 길은 없다.

세상에 태어나 아내가 되고 엄마가 된 것은 가정과 가족을 위해 조건 없이 담보 잡힌 희생이었고 자처한 선택이었다. 글을 쓰는 여자로 가는 길은 나만을 위한 행복한 길이다.

많고 많은 비바람이 스쳐 지나간 외모는 주름과 얼룩을 남겼다. 숨기려고 분칠을 해도 음침하게 드러난다. 그러나 보이지 않는 정신과 마음은 맑은 하늘처럼 푸르고 청청하다. 오히려 보이는 얼굴은 가면이다.

건강한 나와 마주 앉아 자판을 두드린다. 오롯이 나를 위해 준비된 시간이다. 머리에서 섬광처럼 단어 하나가 떠오를 때 그 희열을 누가 알까. 나만이 갖는 행복이며 소중한 보석을 찾은 기분이다.

소리 없이 피었다가 지는 꽃처럼 조용히 글을 쓰며 왕복표 없는 편도의 인생길을 가는 나에게 고마움을 전한다.

작가노트 – 잉태에서 해산까지

　수필을 읽으면 작가의 얼굴이 보인다. 글의 바탕은 작가의 마음이고 생각이다. 치부恥部의 마음도 수신修身하는 생각도 글로 훌훌 털어내고 나면 속죄받은 것처럼 개운하다. 만들어 내거나 지어 내는 시나 소설이 아닌 정직한 고백이 수필의 매력이다.

　분을 바르고 꾸며서 예뻐 보이는 얼굴보다 맨얼굴인데도 고와 보이는 사람이 참 미인이다. 배어있는 냄새와 화장한 냄새가 다르듯이 수필은 자연의 품위를 지닌 순수함이 독자의 마음을 얻어내는 비결이기도 하다. 자식은 몸으로 낳지만 수필은 가슴으로 낳는다. 몸으로 낳은 자식은 그 엄마를 닮을 것이고 가슴으로 낳은 수필은 작가의 마음을 닮을 것이다.

♠ 소재 찾기

　수필을 쓰는 작가는 글의 소재를 찾는 것이 습관화되어 있다. 일상 속에서 글의 소재가 눈에 들어오면 지체하지 않고 그 자리에서 낚아채듯이 잡는다. 낙서라도 좋으니까 느끼는 대로 보는 대로 잡아두지 않으면 놓친 후 후회한들 소용없다. 단어 하나 낱말 하나가 대들보 감이 될지 서까래로 쓰여질지는 나중 일이다. 부피가 크든 작든 내용이 부실하든 튼실하든 글을 쓰기 위한 바탕을 만들어 놓는다. 이것들이 글을 쓰기 위한 핑계가 되고 구실이 된다. 책상 앞에 오도카니 앉아서 보고 느낀 것을 기억해 내고 배운 지식과 들어서 아는 상식만으로 수필을 만들어 낸다는 것은 무모하고 오만한 자세다.

주제를 잡았으면 다각적으로 관련되는 문헌도 찾아 자료를 수집한다. 글의 흐름을 이어줄 근원을 찾고 싶을 때 작품의 배경을 찾아 현장이나 지역을 답사하는 것은 상식이다. 수필을 쓰는 이가 반드시 가져야 할 권한이요 책임이며 의무이다.

♠ 글쓰기

한 편의 글을 쓸 때마다 나는 나의 본질을 찾아 떠나는 여행자라는 생각을 한다. 수필은 내 취약한 부분을 보충하고 다스려 주는 성찰省察이라는 약이 되기도 하고 영혼을 맑게 하고 메마른 마음을 회복시켜 주는 치료제가 되기도 한다. 가슴에 맺혀있던 회한悔恨도 글로 풀어내고 나면 무거운 짐을 내려놓은 듯 가벼워지는 느낌을 받을 때가 얼마나 많은가.

쓴 글 중에 마음의 치유를 가져온 것이 더러 있다. 그중에 하나를 들면 인민군의 만행으로 오빠를 잃은 아픔을 글로 풀어낸 〈어머니의 삼층장〉이라는 글이다. 수필은 묶여있던 마음의 결박을 풀어주기도 하고 응어리 진 탁한 눈물을 정화시켜 주기도 한다. 포기와 체념을 하면서 미움의 늪을 벗어나서 용서의 강을 건널 수 있게 하는 것이 수필이다.

수필을 쓰면서 넘어야 할 태산은 주제에 맞는 메시지, 즉 의미화다. 경험이나 체험으로 글을 쓰고 맺음 하여 버리면 이야기에 그치고 만다. 의미부여는 글의 핵심이고 독자가 기대하는 부분이다. 외길보다는 넓은 길에서 많은 사람을 만나듯이 깊고 좁은 데서 찾기보다는 시야를 넓혀서 다양한 곳을 살피다 보면 주제에 어울리는 메시지 찾기가 훨씬 쉬워진다. 작가가 지닌 심사心思에 따라 느낌이 다르겠지만 문학성에 비추어 자전적인 수필이나 산문, 수상록 등으로 구분되는 것이다.

♠ 저장하기

글을 저장해 두는 곳간이 두어 개 있다. 작은 곳간에는 주로 책을 읽거나 방송이나 신문을 보다가 또는 여행 중이거나 심지어는 교회에서 목사님 설교를 들을 때나 누구와 대화 중에 눈이 번쩍 뜨이는 낱말이나 짧은 문장, 아름다운 언어를 만나면 놓치지 않고 담아두는 공간이다. 오래전에는 가방 속에 항상 지니고 다니는 필첩이었는데 지금은 휴대폰 안에 노트도 있고 메모지도 있어 편리하게 이용한다.

  또 하나의 창고는 인터넷 속에 들어있는 큰 저장고인데 갓난아기처럼 어리고 작은 글에서부터 몸집이 큰 것까지 저희들끼리 한글 이름 순서대로 키 재기를 하고 나란히 서 있다. 이 중에는 살아서 빛을 보게 될지 흔적도 없이 지워질지 모를 이름만 달고 있는 미생물 같은 존재도 있고, 눈만 깜박거리며 겨우 명만 붙어 있는 녀석이 있는가 하면, 형체는 뚜렷하지만 빛을 보기에는 요원하여 주인인 저한테 푸대접을 받는 녀석도 있다. 주인의 눈이 자주 가는 곳은 역시 만삭의 몸으로 해산을 기다리는 녀석이다. 이 녀석의 몸무게는 25KB(킬로바이트)쯤 된다. 원고지 13~15매 정도까지 자란 다 큰 녀석이다.

  휴대전화의 노트나 메모지에 기록한 자잘한 것들을 컴퓨터 큰 창고에 있는 크고 작은 녀석들한테로 데리고 가서 가장 적절하게 어울리겠다고 여겨지는 글한테 접붙임을 해 준다. 그러면 미미하던 글이 살아나서 생기가 돌기도 하고 구색이 맞아져서 맵시 있고 품위 있는 모습으로 변하는 녀석도 있다. 이렇게 모여진 문서 창고의 글들이 나의 글쓰기의 저장탱크이고 재산이며 수고하고 얻은 소산이고 세상 앞에 내놓을 얼굴들이다. 혹시 이것들이 관리 부주의로 사라져 버리면 낭패를 당할까 봐 USB메모리에 옮겨 따로 보관을 해 놓는다.

♠ 제목

　제목에 얽매이지 않는다. 제목은 문서 창고에 저장할 때 색인하는 데 필요할 뿐이다. 글을 쓰다 보면 처음과는 다른 방향으로 흐를 때가 참 많다. 제목이나 구상했던 것과는 아주 다르게 예기치 않은 길로 흘러 가버릴 때가 있다.

　예를 들면 「2박 3일의 자유」라는 글을 예로 들겠다. 처음 정한 제목은 「겨울바다」였다. 집과 가족들은 없는 듯 훌훌 털어버리고 몸과 마음이 고삐 풀린 망아지처럼 자유하고 싶었다. 동해안을 누비다가 「겨울바다」라는 글 한 편 써와야지 생각했다. 글을 쓰다 보니 집 생각을 무시하고는 울림이나 메시지가 잡히지 않았다. 「2박 3일의 자유」는 원고 마감일에 찾아낸 제목이다. 제목에 글을 맞추려 하지 말고 글에 제목을 맞추는 것이 훨씬 편하다.

♠ 낱말 찾기

　수필을 쓰면서 염두에 두는 것은 일상에서 자주 하는 낱말을 피하고 순화된 단어와 의미가 깊은 것을 찾는 데 욕심을 가져봄이 좋을 듯하다.

　초회에 추천받은 「푸른 계절의 약속」이라는 글을 쓰고 있을 때의 기억이다. 친구를 그리워하는 대목에서 "아메리카의 넓은 대륙 어느 작은 도시에 살고 있을까"라는 단문을 다른 말로 바꾸고 싶은데 적당한 문장이 떠오르지 않아서 마무리를 짓지 못하고 있었다. 마침, 손녀가 스케치북에 그림을 그리고 있는데 순간 글귀 하나가 떠올랐다. "도화지 위에 점 하나처럼 살고 있을까" 큰 것과 작은 것을 대칭하는 짧은 문장은 낱말을 찾던 나에게 캄캄한 하늘에 보석처럼 빛나는 샛별이었다.

♠ 퇴고

원고 요청이 오면 편집자의 요구에 적합한지 계절에 맞는지를 염두에 두고 문서 곳간을 열어 어느 정도 성숙해 보이는 글 하나를 선택한다. 마감일은 대부분 한 달 정도 여유가 주어진다. 이 한 달이 퇴고에 집중하는 시기다.

나의 수필 쓰기에서 가장 많은 시간을 투자하는 퇴고의 시간은 원고 마감일까지 이어진다. 어중이떠중이 붓 가는 대로 써 놓은 나부랭이 같은 글들은 많은데 세상 앞에 세우려니 자신 있게 내놓을 것이 없다. 내 눈에 차지 않으면 독자에게도 외면당하기 십상이다. 글을 쓸 때마다 항상 잉태에서 해산하는 순간까지의 아픔을 생각한다.

문장을 읽다 보면 앞뒤 문장이 바뀐 부분이 보인다. 바로 잡아 제자리를 찾아 앉혀준다. 반복된 낱말들을 솎아서 뜻이 흡사한 낱말을 사전에서 찾아낸다. 공을 들인 시간만큼 보람도 있다. 말도 예쁘고 뜻도 깊은 단어 하나를 찾아 글의 맛이 더해질 때 소리 없는 만세를 외친다.

예를 들자면 '허전하고 서운하다'의 다른 낱말은 '허우룩하다', '신실하고 믿음성이 있다'의 다른 단어는 '미쁘다'이다. 이런 단어를 찾아서 바꾸어 보면 뜻은 같으나 느낌이나 감칠맛이 달라 보인다. 퇴고에서 눈을 밝히고 사전과 씨름한 후에 얻어낸 수확이다.

퇴고는 쭉정이는 걷어내고 잘 여문 알곡만 남기려고 키질을 하는 것과 같다. 필을 들면 단숨에 누에고치 실 뽑아내듯 술술 글이 나오는 이들의 다작多作을 보면 부럽기도 하고 천재라는 생각이 든다. 한 줄 문장에 하루를 지새우는 무디고 답답한 퇴고의 시간을 보내는 나를 보면 더욱 그렇다. 다작多作은 나와는 거리가 한참 멀다. 글을 숙성시켜 주는 퇴고에서 많은 지식과 상식을 얻는 소득도 있으니 과작寡作에 부끄러움은 없다. 퇴고에 열병을 앓는다 해도 굳어진 고질병을 고치고 싶지도 않고 후회하지도 않는다. 퇴고의 맛은 체험한 자만이 인정할 수 있는 것이다.

♠ 맺음말

수필이라는 우물을 15년째 길어 올리다 보니 손에 잡히는 것이 수필이다. 목마름을 채워주는 시원한 샘물 같은 수필도 있지만 미지근하고 덤덤한 수필도 있다. 내 글이 독자에게 외면당하지 않을까 두렵고 겁이 난다. 힘들게 마무리 지어 놓고 되풀이해서 읽어봐도 모래 위에 세운 집처럼 허술하다. 마음이 조마조마하고 자신이 없으며 권태를 느낄 때도 있다.

생명을 피워내는 봄비 같고 목마른 풀잎을 적셔주는 새벽이슬 같은 수필을 쓰고 싶은 꿈을 날마다 꾼다. 잉태와 해산의 고통을 거듭하면서도 나의 친구 수필과 아득하고 먼 길을 간다.